ビジネスセンスが身につく会計学

成川正晃【編著】
Narikawa Masateru

BUSINESS SENSE

中央経済社

◆執筆者一覧（執筆順）

氏名	所属	担当
成川正晃	（元東京経済大学教授）	1～6，コラム
渡邊貴士	（亜細亜大学教授）	7～11
仲尾次洋子	（名桜大学教授）	12～20
宗田健一	（鹿児島県立短期大学教授）	21～29
市川紀子	（駿河台大学教授）	30～39
小野正芳	（日本大学教授）	40～46
木下貴博	（松本大学松商短期大学部教授）	47～53
石田万由里	（玉川大学教授）	54～59
竹中　徹	（京都文教大学教授）	60～69
山根陽一	（大分大学准教授）	70～76

はじめに

　本書は，会計学の初学者を対象にした入門書となります。本書のねらいは，初めて会計学を学習される方が，本書を読み進めていくことで，会計情報のよき理解者，利用者になっていくことです。

　会計の時代ともいわれる21世紀になり，会計学の役割と重要性はますます高まっています。現代の社会人にとって，会計学の素養は，その活動分野を問わず，必要不可欠なリテラシーといえます。

　会計学は，経理部門や財務部門に属する社会人にとって必須の素養であるというだけでなく，営業部門や製品開発部門等においても重要視されます。当然のことですが，管理者層にとっても必須の素養の1つが会計学です。また，会計学を理解することは，大学の商学部や経営学部で会計学を専攻する学生だけに求められることではなく，工学部であろうと医学部であろうと必要とされるものです。

　なぜ，このように会計情報の重要性が高まっているのかというと，複雑化する社会，情報が氾濫する社会において，会計情報の相対的地位が高まっているということが指摘できます。誤解を恐れずに示せば，会計情報とは金額情報です。AさんとBさんとを比較するとどちらがお金持ちに見えますか，というやや主観的な設問よりも，Aさんが10万円，Bさんが20万円を持っているとするとどちらがお金持ちでしょうか，という設問に変えた方が客観的に答えられそうです。このような視点だけで考えると，金額情報を含めて意思決定した方が，客観的情報に基づいた意思決定であるといえます。すなわち，情報の利用者が，より納得しやすいのは，会計情報を利用した意思決定です。しかし，そこに落とし穴があるのも会計情報です。たとえば，Bさんの持っている20万円のうち15万円は借りたお金だとすると，状況は変わるでしょう。このように客観的情報と見える会計情報も，その金額がどのように生み出されてきているのかも理

はじめに

解していないと，より適切な判断ができないことにもなります。このような単純な側面からも会計情報のよき利用者になることの重要性が指摘できます。

本書では，初学者を対象とすることから，枝葉末節には触れず，大きな幹を見ることにします。会計学の基本原理を理解した上で，会計情報が具体的に示されるもののうち，基本的な貸借対照表と損益計算書上の数値がいかにして示されるのか，また，その意味はどのようなことであるのかについて，学習していきます。実際の企業の財務諸表（貸借対照表，損益計算書）に示されている会計情報を理解することが，本書の具体的な目標となります。そこで，本書では，基礎的なものから段階的に説明を行い，複雑な会計情報のしくみを明らかにしていきます。なお，初学者が学習しやすいように以下のような工夫を行っています。

- 全体を76項目の細かい区分に分けて，段階的に学習できるようにしています。
- 各項目は，見開き2ページにしてコンパクトにまとめています。
- 各項目で学習のポイントを明示しています。
- 各項目では，基本的な原理・処理を中心に説明しています。
- 各項目の学習時に全体の中での位置づけを意識できるように配慮しています。
- 第3章以降では，理解を手助けするための問題演習もとり入れています。
- 第3章以降では，企業が示している具体的な会計情報についても触れています。

1人でも多くの方が，本書で会計学の基本をマスターされ，現代社会で活躍できる会計リテラシーを身につけてもらいたいと思います。本書で取り扱った，会計情報がいかにして作成されてくるのかという点については，本書の姉妹書である『ビジネスセンスが身につく簿記』でその原理を解説しています。ぜひ，あわせてご活用ください。

本書の執筆者は，日頃より，さまざまな学会や研究会を通して切磋琢磨して

はじめに

　いる研究者仲間です。編著者とともに，初学者が会計学の基本原理をマスターし，会計情報のよき理解者・利用者となるよう，さまざまな創意工夫を試みている方々です。編著者の意図を十二分に理解して執筆していただきました。それぞれの貴重な研究時間の一部を本書の執筆にお割きいただき，丁寧にご執筆いただきました点について記して謝意を表します。

　本書の出版に際しまして，中央経済社の田邉一正氏には，大変お世話になりました。編著者の意図を汲み取っていただき，本書の企画をはじめ，より見やすい紙面構成とする工夫などにさまざまな助言を賜りました。また，各執筆者との連絡や校正等の煩瑣な作業まで，ご苦労いただきました。本書をよりよいものにするために，ご苦労いただきましたことに対して，心より御礼申し上げます。

　2018年10月

執筆者を代表して
成川　正晃

本書のトレーニングの解答用紙を中央経済社ホームページhttp://www.chuokeizai.co.jp/の本書掲載欄よりダウンロードできます。繰り返し学習する際，ぜひご活用ください。

目　次

第1章　なぜ会計を学習するのか？

1. 会計とは何か ……………………………………………… 2
2. 会計の歴史 ………………………………………………… 4
3. 株式会社とは ……………………………………………… 6
4. 会計情報の役割 …………………………………………… 8
5. 会計制度 …………………………………………………… 10
6. 会計学と簿記 ……………………………………………… 12

第2章　会計の基本原理

7. 貸借対照表の構成要素 …………………………………… 16
8. 損益計算書の構成要素 …………………………………… 18
9. 構成要素の認識 …………………………………………… 20
10. 構成要素の測定 …………………………………………… 22
11. 資産測定（評価）と費用計上 …………………………… 24

第3章　貸借対照表（資産）

12. 資産の区分 ………………………………………………… 28
13. 負債の区分と純資産の区分 ……………………………… 30
14. 現金預金 …………………………………………………… 32
15. 売上債権の種類 …………………………………………… 34
16. 売上債権の期末評価 ……………………………………… 36
17. トレーニング① …………………………………………… 38
18. 有価証券の種類 …………………………………………… 40
19. 有価証券の期末評価 ……………………………………… 42

i

20	トレーニング②	44
21	商品の取得原価	46
22	商品の払出価額の計算	48
23	トレーニング③	50
24	商品等の期末評価	52
25	トレーニング④	54
26	製品の製造原価	56
27	トレーニング⑤	58
28	仕掛品・製品の期末評価	60
29	トレーニング⑥	62
30	前払費用	64
31	有形固定資産の種類・取得原価	66
32	トレーニング⑦	68
33	有形固定資産の減価償却・期末評価	70
34	トレーニング⑧	72
35	リース資産	74
36	建設仮勘定	76
37	無形固定資産	78
38	投資その他の資産	80
39	繰延税金資産	82

第4章　貸借対照表（負債と純資産）

40	買掛金と未払金	86
41	未払法人税等と未払消費税等	88
42	未払費用と預り金	90
43	賞与引当金と退職給付引当金	92
44	社債と長期借入金	94
45	リース債務	96
46	繰延税金負債	98
47	純資産の意味と分類	100
48	資本金	102
49	資本剰余金と利益剰余金	104
50	自己株式	106

51	トレーニング⑨	108
52	評価・換算差額等と新株予約権	110
53	トレーニング⑩	112

第5章 損益計算書

54	2つの期間損益計算方法と損益計算書	116
55	損益計算書の区分	118
56	営業損益計算の区分	120
57	経常損益計算の区分	122
58	純損益計算の区分	124
59	トレーニング⑪	126

第6章 財務諸表を活用する

60	財務諸表の入手方法	130
61	財務諸表分析の方法	132
62	収益性の分析	134
63	トレーニング⑫	136
64	効率性の分析	138
65	トレーニング⑬	140
66	安全性の分析	142
67	トレーニング⑭	144
68	成長性の分析	146
69	トレーニング⑮	148

第7章 連結財務諸表

| 70 | 連結財務諸表の目的 | 152 |
| 71 | 連結の範囲 | 154 |

目　次

72	連結財務諸表の作成準備（子会社の資産および負債の時価評価）	156
73	投資と資本の相殺消去	158
74	非支配株主持分	160
75	トレーニング⑯	162
76	連結決算の流れ	164

≪コラム≫
❶ 会計はビジネス言語・14
❷ 「会計ができる」とは？・26
❸ 話が通じやすい会計・84
❹ 儲けのカラクリが理解できる会計・114
❺ 会計は問題発見の達人・128
❻ 世の中の動きが見える会計・150
❼ 数字のマジックは怖い・166

索　引 …… 167

第 **1** 章

なぜ会計を学習するのか？

　会計とは一体何なのでしょうか？　なぜわれわれは会計を学ぶ必要があるのでしょうか？　本章では，このような問いに答えていきます。

　世間には，さまざまな動機を持って行動している人がいます。皆さんがすでに本書を手にしているということは，何らかの理由で会計を学習しようとしているのでしょう。ある人は，会社の上司から会計を勉強するよう勧められたのかもしれませんし，学生の方の中には「授業で取っているので会計（学）を勉強します」という方もいるかもしれません。

　もうお気づきのことでしょうが，「会計ができなくても生きていくことはできる」のですが，「会計ができた方がいいですよ」ということが，本章でわれわれが皆さんにお伝えしたいメッセージです。

1 会計とは何か

学習目標
❶ 会計の意味と種類について理解する。
❷ 財務会計を学ぶ意味について理解する。

● 会計の意味

私たちは、さまざまな状況下で活動を行っています。これらの活動主体に関する事柄を一定の方法で、記録・計算・整理し、報告する手続きを**会計**といいます。すなわち、会計とは、情報（＝会計情報）を作り出し、その情報を報告する体系であるといえます。

● 会計の種類

会計情報を作り出す主体が企業である場合、そこで行われる会計を企業会計といいます。通常、会計というと**企業会計**を指します。

企業が作り出す情報をどこに提供・報告するかによって、企業会計は2つの会計に分けられます。

財務会計は、株主や債権者など企業の経営に直接的にはかかわらない企業の外部者に対して会計情報の報告を行う会計で、**外部報告会計**ともいわれます。たとえば、企業の経営者は、株主から受託した資金をどのように事業に活用し運用しているかを説明するという会計責任を果たすことになります。このとき、会計情報は、企業の外部者に報告されるために、外部の人に理解できるように、ある一定のルールにしたがって報告されるという特徴をもちます。ここでは、

財務会計をとり上げます。

一方，**管理会計**は，企業内の経営者などの，企業の経営に直接かかわる企業の内部者に対して会計情報の報告を行う会計で，**内部報告会計**ともいわれます。管理会計は，企業の経営管理に役立てるための役割を担うことになります。このとき，企業の内部者に報告されるために，企業独自の必要性に応じて，さまざまな会計情報が提供されることになります。

● 財務会計を学ぶ意味

財務会計を学ぶということは，企業がどのように会計情報を作り出しているのか，その作り出した会計情報で何を伝えようとしているのかを知ることになります。

企業の外部者にとっては，企業を外部から知ることができるようになるために，財務会計を学ぶといえます。たとえば，株主は配当金を多くもらいたいと考えるかもしれませんし，従業員は給料を上げてほしいと考えているかもしれません。投資家はある企業が提供している会計情報から投資の適否を判断するかもしれませんし，当該企業への就職を考えている人はその判断に役立てるかもしれません。

一方で，企業の内部者にとっては，自身の属する企業がどのような状況にあり，社会にどのような情報を提供しているかにより，一般的な社会的評価を感じることができます。また，組織内での個人の業務が最終的な企業利益にどのような形で結びつくのかを理解することができます。一言でいうならば，できるビジネスマンになるために会計（財務会計や管理会計）を学ぶということです。

会計情報は利害関係者間の利害を調整するので，会計には**利害調整機能**があるといわれます。また，さまざまな意思決定に有用な情報を提供することから，**情報提供機能**があるといわれています。

2 会計の歴史

学習目標
❶ 世界における会計の発展について理解する。
❷ 日本での会計の発展について理解する。

●° 時代に応じた会計の発展

会計史家ウルフ（Woolf, A.H.）『会計小史』によると，「会計の歴史の大部分は文明の歴史である」といわれています。会計は，その役割とともに姿形を変えつつ，社会が会計の必要性を求め続けているといえます。

●° 会計の変化

(1) 15世紀までの会計

会計の記帳技術である複式簿記の起源は，13世紀，14世紀頃のイタリア商人にあるといわれています。当時のイタリア（特に商業の盛んなベニス地方）では，東方貿易（レヴァント（＝当時の地中海東岸地方との）貿易）が盛んで1つの航海ごとに会計が行われていました。ところが，経済社会の発展に伴い，継続的な企業活動が行われるようになり，会計期間を区切った期間損益計算が行われるようになっていきます。

(2) 17・18世紀

17世紀頃は，まだ企業規模も小さく，企業資金の調達は借入れ（かりいれ）によることが多い時代でした。17世紀後半のフランスでは，景気後退による倒産が相次ぎ，多くの債権者が被害を被るような事態になっていたといわれています。

そこで，1673年に財産目録の作成を義務づける「フランス商業条例」が制定され，その後，1807年の「フランス商法」を経て貸借対照表（たいしゃくたいしょうひょう）の作成も義務づけられるようになっていきます。

また，18世紀のイギリスの産業革命の頃になると，会計の中でも「原価計算」や「監査」という学問領域が発展していくことになります。

(3) 20世紀

20世紀初頭のアメリカでは，株式会社が大規模化することにより企業への投資（出資）が過剰となっていきます。そのような中，1929年に発生した大恐慌により，企業の倒産が相次ぎ，そのような企業に資金を拠出していた株主も大きな損害を被りました。このような時代には，財政状態を示す貸借対照表よりも，企業の収益力を示す損益計算書の方が，株主にとっては役立つものと考えられるようになっていきます。

ところが，20世紀末頃から，金融業の急速な拡大と，経営者の恣意性排除を理由として，再び貸借対照表を重視する風潮が強くなっていきました。

● 国際財務報告基準の時代へ

会計基準の国際的調和・統一を目指して，国際会計基準委員会（IASC）は，2001年に発展的に国際会計基準審議会（IASB）として改組され，新しい会計基準の設定等を精力的に進めるようになっていきます。IASBにより国際財務報告基準（IFRS）が公表され，適用されるようになってきました。

● 日本における会計の展開

日本では，従来，金融庁主管の企業会計審議会により会計基準の作成が進められてきていました。2001年に企業会計基準委員会（ASBJ）が設置され，IASBと歩調を合わせていくことが増えています。ASBJが公表する企業会計基準は，IFRSの影響を受けつつ，IFRSにも意見を具申し相互の関係を重視して，世界的な会計の発展と秩序維持に努めています。

第1章 なぜ会計を学習するのか？

3 株式会社とは

学習目標
❶ 株式会社の利害関係者について理解する。
❷ 企業の社会的責任について理解する。

● 企業の分類

企業にはさまざまな種類があります。企業会計といえば通常，株式会社の会計を指します。日本において，数が多く社会的影響力も大きいのが株式会社です。

● 株式会社の特徴

株式会社は，株主，経営者，従業員等によって構成され，さまざまな利害関係者に囲まれています。

株主は，株式会社に出資している（法）人をいい，株式会社の所有者とみることができます。これに対して，経営者は，株主から委任されて会社を経営します。特に株主≠経営者である場合を，「所有と経営が分離している」といいます。また，従業員（商法上は「使用人」といいます）は，雇用契約に基づき，業務を担う対価として賃金を得る権利を有します。

利害関係者としては，株主，従業員以外にも，資金を借り入れる金融機関（債権者）がいますし，仕入先や得意先もいます。また，税金を納めることとなる

国や自治体も利害関係者となります。

● 企業の社会的責任

　株式会社は，経営活動を行い，利益を追求しています。経営活動によって得られた利益で仕入先への支払いや，株主への配当，債権者への返済と利息の支払いなども行い，国や地方自治体に税金を納付しています。また，地域社会に対しても，自然環境の保護など，豊かな持続可能な社会を築くことに努力しています。

　企業は，単に利益を追求するだけでなく，さまざまな利害関係者と調和を図りながら経営活動を行っています。企業は，社会全体に与える影響に責任を持ち，あらゆる利害関係者の要請に対して適正な行動をとっていかなければなりません。これを企業の社会的責任（Corporate Social Responsibility：CSR）といいます。

第 1 章　なぜ会計を学習するのか？

4　会計情報の役割

学習目標
❶ 会計情報と非会計情報について理解する。
❷ 会計情報の機能について理解する。

　会計（accounting）の本質を「管理する財産に関して責任ある計算を行うこと」であるとすると，管理する財産とは何かということや責任ある計算とは何かということを理解する必要があります。簡単に考えると，ある項目とその項目の計算結果です。**「会計とは，会計情報を取り扱う1つの体系である」**と理解しておきます。

● 会計情報とは

　われわれを取り巻く社会はさまざまな情報で溢れています。会計情報とは，そのような情報の一部を構成しています。

　会計情報をどのように定義するかについてはさまざまな議論がありますが，ここでは，**「貨幣単位で表現される（金額）情報と，その基礎を構成する物量情報の両者」**を会計情報として取り扱うことにします。このような会計情報の中核をなすのが，貸借対照表や損益計算書などに代表される財務諸表に計上さ

れる財務情報となります。

　一般的に「会計ができる」ということは，とりもなおさず，会計情報をうまく取り扱うことができる，ということです。この会計情報がいかにして作成されるのかという側面と，いかにして利用するのかという側面との二面で考えてみます。

● 会計情報の機能

　会計情報の作り手とその情報の利用者が同一でない限り，エージェンシー関係が生じます。**エージェンシー関係**とは，株式会社の出資者である株主が株式会社の運営を経営者に委任するような関係です。すなわち，株主が株式会社の財産の管理・運用を経営者に委任しているということになります。このとき，株主をプリンシパル（依頼人，本人）といい，経営者をエージェント（代理人）といいます。エージェンシー関係は，プリンシパル＝エージェント関係ともいわれます。経営者は，しかるべき時期に，会計情報を用いて，株主に企業の財政状態や経営成績を報告することになります。

　したがって，それぞれの立場で，**会計情報を意思決定に役立てたり（情報提供機能），両者の関係の利害調整に役立てたり（利害調整機能）**していきます。

5 会計制度

学習目標
❶ 会計制度の必要性について理解する。
❷ 会計制度から産み出される会計情報について理解する。

会計制度の必要性

　エージェンシー関係があるときに，通常，**情報の非対称性**が生じます。すなわち，各主体（経営者と株主）が保有する情報に不均衡が生じているということです。情報の作り手であるエージェント（経営者）は，自ら情報を作るので，その中身をよく知っています。情報の受け手であるプリンパル（株主）よりも情報の質・量ともに多く持っていることになります。このようなエージェントの立場を情報優位者といいます。これに対して，出された情報を受け取るプリンシパルは，情報優位者に対して情報劣位者といいます。情報の非対称性が生じている世界では，さまざまな問題が生じることが理解されています。

　たとえば，エージェントが自分自身に有利となるように情報を操作して，プリンシパルに伝える可能性もあります。プリンシパルでは，それを防ぐためには，ずっと監視していなければならないというような事態になれば，委任している意味もありません。つまり，両者の間の信頼関係を高めるしくみが必要になります。会計情報に関するこのようなしくみのことを**会計制度**といいます。各種の法律（会社法等）や会計基準などが代表的な会計制度の例となります。すなわち，会計の処理ルールに沿って，適切に会計情報を作成し，それを報告すれば，情報の非対称性は減らせることができます。

　また，プリンシパルからすれば，エージェントに頑張って働いてもらいたいと思っていても，エージェントがサボってしまうかもしれません。エージェントがサボっていて成果が上がっていないのなら，プリンシパルはエージェントを交代させる意思決定をするかもしれません。このようなことは，1つの例にすぎませんが，少なくとも，会計情報がどのように作られているのかを理解す

ることは，プリンシパルにとっても，エージェントにとっても必要な素養であるといえます。

会計制度とは，一定のルールに従った，会計情報の作成・報告体系です。

● 具体的な会計情報

　企業は，会計制度にしたがって，さまざまな会計情報を提供しています。たとえば，森永製菓株式会社の会計情報（単体：貸借対照表や損益計算書）を一部抜粋して示すと，次のように示されます。

貸借対照表
2018年3月31日
（単位：百万円）

資産合計	165,621
負債合計	76,469
純資産合計	89,151
負債純資産合計	165,621

損益計算書
2017年4月1日〜2018年3月31日
（単位：百万円）

売上高	180,917
売上原価	87,635
売上総利益	93,282
営業利益	18,187
経常利益	18,762
税引前当期純利益	11,700
当期純利益	6,123

　企業および企業を取り巻く利害関係者は，このような会計情報を意思決定や，各々の利害調整に役立てていきます。

6 会計学と簿記

■学習目標
❶ 会計情報と簿記の関係について理解する。
❷ 会計情報が導出されるしくみについて理解する。

●° 会計情報と簿記

　会計情報は，企業の経営活動を金額情報として描写したものです。たとえば，商業の営業循環を考えると次のようになるでしょう。

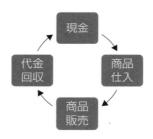

　企業は，資金を投下し，投下した資金を商品販売等によって回収し，再びその資金を投下するという循環で，その規模を大きくしていきます。このような活動を過不足なく記録する手法が**複式簿記**です。会計情報は，複式簿記によって作られます。

●° 会計情報のしくみと複式記入の原理

　今，企業に資金を100万円投下した場合，企業資金が100万円増えることになります。このとき，株主が50万円出資し，残りの50万円を銀行からの借入れでまかなった場合と，100万円全額を株主が出資した場合とでは，「状態」が異なっているとみます。このように，現金の増加や減少があった場合に，その一

面だけではなく，なぜ増加したかも含めて二面的に記録します。これを，二面的，すなわちダブルに記録するということから，複式記入といいます。複式簿記は，このような原理を利用しつつ，秩序だった記録を産み出していきます。会計情報は，複式簿記により（結果として）誘導的に作成されます。

● 制度としての会計情報

信頼できる会計情報が提供されるように，企業会計を法律や基準などによって制度化した企業会計制度が作られています。しかし，企業が行う会計処理のすべてを法律で事前に定めることは不可能です。そこで，具体的な定めのない事項については，「**一般に公正妥当な会計基準**」によって処理されています。

「一般に公正妥当な会計基準」の中心になってきたのが企業会計原則をはじめとする会計基準であり，法制度としては**会社法**，**金融商品取引法**，**法人税法**があります。

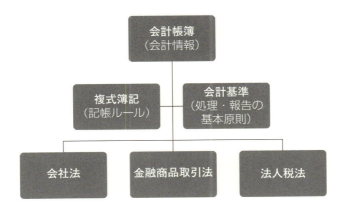

会計帳簿に記載される会計情報は，複式簿記のルールによって整然と記録され，制度にしたがい，処理・報告されていきます。

会計情報の中心に位置するのが，**貸借対照表**と**損益計算書**になります。

コラム①

会計はビジネス言語

　会計（学）は，ビジネス言語といわれます。ビジネス社会における共通言語とは何でしょうか。ビジネス社会での共通言語，共通情報は，会計です。会計情報抜きにしてビジネスは存在し得ません。英語やコンピュータスキルもビジネスの現場では重要な要素ですが，会計は，それらに勝るとも劣らない要素になります。

　会計は，企業の活動を数値（金額）で表すものです。基本的な項目はほぼ世界共通です。母国語が何であれ項目さえ理解できれば，数値を読み解くことができます。会計がビジネス言語といわれる所以（ゆえん）です。
　ビジネスセンスを磨き，獲得するための必要条件が会計（学）の素養であるといえます。

第 **2** 章

会計の基本原理

　「会計ができる」とは，会計情報のよき理解者，よき利用者になることです。そのためには，会計の基本原理を押さえておくことが必要です。本章で概説するのは，この基本原理に相当するところです。

　会計情報は，主に貸借対照表や損益計算書に記載されます。企業の一定時点の財政状態を示すのが貸借対照表で，企業の一定期間の経営成績を示すのが損益計算書になります。そこで，貸借対照表や損益計算書にはどのような会計情報が収容されているのか，また，いつの会計情報として記載されるのか，さらに金額情報としてはいくらとなるのか，といった基本を示します。具体的に「構成要素」，「認識」，「測定」といった会計で用いられる専門用語を理解することで，その後の会計学の世界がスムーズに広がっていきます。

　「基本を大切にすることで，その後の理解の伸びが違いますよ」というのが本章でわれわれが皆さんに伝えたいメッセージです。

7 貸借対照表の構成要素

学習目標 ❶ 貸借対照表の構成要素について理解する。

　会計制度を通して公表される会計情報は，具体的には，ある一定の様式を備えた貸借対照表や損益計算書（金融商品取引法では財務諸表と総称されますが，会社法では計算書類と称されています）として作成され，さまざまな用途に利用されます。

　ここでは，貸借対照表の構成要素について考えます。

● 貸借対照表の意味と構成要素

　貸借対照表は，一定時点における企業の財政状態を明らかにする一覧表で，資産・負債・純資産を主な構成要素として会計情報が開示されます。

(1) 資　産

　資産とは，過去の取引または事象の結果として，報告主体が支配している経済的資源をいいます。企業は，現金，商品，備品，建物などの財貨を利用して経営活動を行い，売掛金，貸付金などの債権（後日，代金等を回収できる権利）を持つこともあります。このような財貨や債権を総称して，資産といいます。

(2) 負　債

　負債とは，過去の取引または事象の結果として，報告主体が支配している経済的資源を放棄もしくは引き渡す義務，またはその同等物をいいます。企業に必要な資金が資本だけでは足りないことがあります。その際には，金融機関等から借入れを行うことになります。企業が借り入れた資金は，借入金とよばれ，後日返済しなければなりません。このように企業が負っている債務（後日，代金を返済する義務）を総称して負債といいます。

(3) 純資産

純資産とは、資産と負債の差額をいいます。

> 資　産 － 負　債 ＝ 純資産　…①

純資産は企業の出資者からの資金調達部分で企業に属する部分であるので、自己資本といい、負債は債権者から調達した資金という点から他人資本といい、両方を合わせて総資本といいます。

> 総資本　＝　他人資本　＋　自己資本　…②
> （資産）　　（負債）　　（純資産）

自己資本は、他人資本と異なり返済の必要がなく、一般に総資本に対する自己資本の割合が高い場合は、その企業の財務構造は安定しているといえます。

● 森永製菓の貸借対照表の構成要素

森永製菓の貸借対照表の構成要素を確認します。

貸借対照表
2018年3月31日
（単位：百万円）

資産合計	165,621
負債合計	76,469
純資産合計	89,151
負債純資産合計	165,621

(1)　資　産（合計）＝ 165,621（百万円）
(2)　負　債（合計）＝　76,469（百万円）
(3)　純資産（合計）＝　89,151（百万円）

また、上記の①式と②式でも確認すると、

資　産（165,621）－負　債（76,469）＝純資産（89,151）…①′
総資本（165,621）＝他人資本（76,469）＋自己資本（89,151）…②′

となります。なお、「1」ずれているのは、計算上の誤差になります。

8 損益計算書の構成要素

■学習目標　❶ 損益計算書の構成要素について理解する。

● 損益計算書の意味と構成要素

損益計算書は，一定期間における企業の経営成績を明らかにする一覧表で，収益と費用を主な構成要素として会計情報が開示されます。

(1) 収　益

収益とは，企業の経営活動により，貸借対照表の純資産を増加させる（＝資産の増加または負債の減少に関連する）原因をいいます。たとえば，商品を販売した場合の売上高は収益です。

(2) 費　用

費用とは，企業の経営活動により，貸借対照表の純資産を減少させる（＝資産の減少または負債の増加に関連する）原因をいいます。たとえば，商品を販売した場合の売上原価（販売した商品の原価）は費用です。

損益計算書では，一定期間（会計期間：通常は1年）に収益をいくら獲得し成果を上げたのか，また，この収益を獲得するために費用をいくら費やして努力したのかを対応させて当期の純損益を明らかにすることで経営成績を示します。

> 収　益　－　費　用　＝　当期純損益（当期純利益または当期純損失）

損益計算書には，収益から費用を引いて当期純損益を計算する役割と，貸借対照表で示される純資産の増減原因を示す役割があります。

収益＞費用の場合には収益－費用＝当期純利益が発生し，収益＜費用の場合には収益－費用＝当期純損失が生じます。

8 損益計算書の構成要素

● 森永製菓の損益計算書の構成要素

森永製菓の損益計算書の構成要素を確認します。

損益計算書
2017年4月1日～2018年3月31日

（単位：百万円）

項目	金額	計算区分
売上高	180,917	営業損益計算
売上原価	87,635	
売上総利益	93,282	
販売費及び一般管理費	75,094	
営業利益	18,187	
営業外収益	768	経常損益計算
営業外費用	192	
経常利益	18,762	
特別利益	391	純損益計算
特別損失	7,454	
税引前当期純利益	11,700	
法人税等合計	5,576	
当期純利益	6,123	

損益計算書は，計算区分を設けて表示されます。

収益と費用という構成要素は，それぞれの区分計算の中で示されることになります。

たとえば，次のように示されます。

> **売上高 － 売上原価 ＝ 売上総利益**

(1) 売 上 高 ＝ 180,917（百万円）
(2) 売 上 原 価 ＝ 87,635（百万円）
(3) 売上総利益 ＝ 93,282（百万円）

となります。

9 構成要素の認識

学習目標
1. 認識について理解する。
2. 収益・費用の認識基準について理解する。

● 認　識

認識とは，各構成要素を貸借対照表や損益計算書の本体に計上することをいいます。すなわち，どの会計期間の貸借対照表や損益計算書に計上すべきかということです。

(1) 資産の認識

資産とは，過去の取引または事象の結果として，報告主体が支配している経済的資源をいいます。したがって，資産の認識とは，経済的資源が企業に入ってくる可能性が高く，信頼性をもって測定できる「時」に認識します。たとえば，商品を購入したならば，商品が企業に入ってきた時に資産として認識します。

(2) 負債の認識

負債とは，過去の取引または事象の結果として，報告主体が支配している経済的資源を引き渡す義務をいいます。したがって，負債の認識とは，義務を果たすことで経済的資源が企業から流出する可能性が高く，決済される金額が信頼性をもって測定できる「時」に認識します。たとえば，資金を借りたときの借入金は，借入時に負債として認識します。

(3) 収益の認識

収益は，資産の増加または負債の減少に関連する将来の経済的資源の増加が生じ，信頼性をもって測定できる「時」に認識します。たとえば，商品を販売したならば，代金が企業に入ってきた時に売上を収益として認識します。

(4) 費用の認識

　費用は，資産の減少または負債の増加に関連する将来の経済的資源の減少が生じ，信頼性をもって測定できる「時」に認識します。たとえば，商品を販売したならば，商品が減少した時に売上原価を費用として認識します。
　このように，商品の販売時には，収益と費用が同時に認識され，そのときに純利益が認識されます。

> 売上高 － 売上原価 ＝ 売上総利益

● 収益・費用の認識基準

　収益と費用が損益計算書に「いつ」計上されるのかという点が，適正な期間損益計算を行う上で重要になります。この基準を収益と費用の認識基準といいます。現在の会計は，発生主義会計といわれています。
　発生主義(はっせいしゅぎ)とは，現金の収支の時点にかかわらず，収益と費用が発生しているという事実に基づいて収益と費用を認識する基準です。収益と費用の発生は経営活動に沿って生じるもので，経営活動を反映した損益計算ができます。収益と費用は原則的に発生主義によって認識しますが，収益については，発生したという事実だけでは不確実な（資金的裏付けのない）収益を計上してしまう可能性があります。そこで，収益については実現主義が認識基準として用いられます。
　実現主義(じつげんしゅぎ)とは，収益発生の事実だけでなく，収益が実現した時に認識するというものです。たとえば，商品を販売したときに，その対価として現金を受け取った「時」，販売時点で収益を認識します。

収益の認識基準	実現主義
費用の認識基準	発生主義

10 構成要素の測定

■学習目標
❶ 測定について理解する。
❷ 測定基礎の選択について理解する。

● 測　定

測定とは，貸借対照表や損益計算書で認識された各構成要素の金額を決定するプロセスのことをいいます。測定のためには，各構成要素の測定基準としてどのような選択肢がありえるのかを理解する必要があります。

(1) 資産の測定

資産の測定は，適正な財政状態を表示するために必要となります。一方で，資産の測定は，費用の測定ともつながり損益計算とも密接に関連します。たとえば，販売された商品は売上原価（費用）として損益計算書に計上されます。

資産の測定基準としては，次のようなものがあります。

① 原価基準

取得原価を基準に資産を測定する方法を**原価基準**といいます。

取得原価とは，資産取得の際に支払われた現金もしくは現金同等物の金額，または取得のために犠牲にされた財やサービスの公正な金額をいいます。

原価基準では，一般的に客観的な証拠（たとえば領収証）に基づいて取得原価を把握することができるので，原則的な資産測定の基準とされています。

② **時価基準**

貸借対照表作成日における時価を基準に資産を測定する方法を**時価基準**といいます。購買市場と売却市場を区別することにより，時価として**再調達原価**と**正味実現可能価額**とがあります。

再調達原価とは，購買市場で成立している価格をいいます。また，正味実現可能価額とは，売却市場で成立している価格をいい，保有する資産を測定時点で売却処分することによって回収できる資金の額を表します（**公正価値**という場合もあります）。他に**割引現在価値**などの時価もあります。割引現在価値とは，将来のキャッシュ・フローの価値を現時点で評価するために，利子率で割引計算して求めたものです。

資産測定時に取得原価で測定するのか，正味実現可能価額で測定するのかといったように，いずれかを選択することを測定基礎の選択といいます。さまざまな会計基準で，選択すべき測定基礎が定められています。

(2) **負債の測定**

負債の返済のために支払う金額や財・サービスを提供する義務の見返りに受け取った資金の額で測定されます。また，将来の支払額の割引現在価値で測定される場合もあります。

(3) **収益・費用の測定**

収益・費用は，その収入・支出額に基づいて測定されます。これを**収支額（収入支出額）基準**といいます。

たとえば，売上という収益は，現金などの収入額に基づいて測定されます。また，売上原価という費用は，商品を取得した時の原価（取得原価）に基づき，このうちの販売した額に相当する部分を費用額として測定します。

なお，収益は経営活動の成果であり，費用はそれを得るための努力であり，この2つを対応させて損益計算を行う必要があります。これを**費用収益対応の原則**といいます。

第 2 章　会計の基本原理

11　資産測定（評価）と費用計上

■学習目標
❶ 資産測定が費用の計上につながることについて理解する。
❷ 適切な資産測定が適正な期間損益計算につながることについて理解する。

● 資産の認識・測定と費用の認識・測定

　資産の認識・測定とは，ある資産についていつの貸借対照表にいくらの金額で記載するのかということです。

　たとえば，5月1日に取得した商品1,000のうち，400が翌年の3月31日（決算日，貸借対照表作成時）に残っていたとします。この場合，差額の600が売上原価（費用）として認識・測定されます。すなわち，資産の認識・測定が費用の認識・測定につながっていく場合があることが確認できます。

● 資産の過大計上と過少計上

　上記のように資産の測定（期末商品400）が適正に行われていた結果であるとすると，3月31日の時点で，商品を過大，あるいは過少に測定すると，売上原価がそれに応じて変化することになります。資産の測定は，資産評価ともいわれます。

● 適正な期間損益計算

会計期間の売上原価（費用）が600で，期間の売上（収益）が1,000であれば，費用収益対応の原則により，400の売上総利益となります。

このとき，3月31日の商品を200と過少に測定すれば，次のようになります。

一方，3月31日の商品を600と過大に測定すれば，次のようになります。

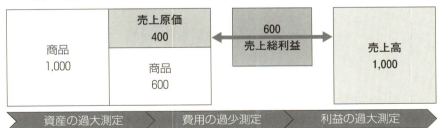

コラム②

「会計ができる」とは？

　「会計ができる」とは，どういうことでしょうか。自分の会社や取引先の財務諸表（貸借対照表や損益計算書）が読めるだけでなく，「その数値がどのようにして作成されてきたのか」を理解できているかが重要です。

　私たちは，日々さまざまな洋服に身を包んでいます。どのような洋服を着ていようと，どのような髪型をしていようと，本人は本人です。会計情報には，複雑な側面があります。事実を歪曲して虚偽の情報を提供することは，厳に禁じられていますが，その会計情報を作成する作り手の意思（オピニオン）が現れるのも，会計情報です。

　私たちは，得られる会計情報がどのようにして作成されているのかを観察するためにも，会計の基本原理を理解しておかなければなりません。

第 3 章

貸借対照表（資産）

　貸借対照表は，企業の一定時点における財政状態を表した報告書です。この貸借対照表には，企業の経営活動に必要な資金がどのように調達されているかや，その資金がどのような形態で運用されているかが示されます。本章では，貸借対照表の中でも「資産」に焦点をあてて検討していきます。

　貸借対照表の理解には，項目（貸借対照表科目）の意味と，それがどのように測定されているかを理解することが重要となります。また，貸借対照表には区分が示されていますので，その区分について理解することで，より会計情報の意味合いを把握することが可能になります。

　項目名には専門用語も多いですが，実際の財務諸表で確認しながら学習を進めてください。

　貸借対照表（資産）の基本をマスターすることで，できるビジネスパーソンへの道が開けます。

第3章　貸借対照表（資産）

12　資産の区分

学習目標　❶　貸借対照表の資産の区分について理解する。
　　　　　　❷　流動・固定の区分について理解する。

　貸借対照表は，企業の一定時点の財政状態，すなわち，資産，負債および純資産の残高を示す一覧表です。また，貸借対照表の資産は資金の運用形態を表し，負債および純資産は調達してきた資金の調達源泉と捉えることができます。

● 資産の区分

　資産の部は，流動資産，固定資産に区分されます（さらに繰延資産を設ける場合，その区分が示されますが，本書では省略します）。換金性の高い**流動資産**と換金性の低い**固定資産**に区分することで，貸借対照表上で，企業の支払能力に関する情報を示すことができます。
　なお，固定資産は，さらに有形固定資産，無形固定資産，投資その他の資産に区分されます。

Ⅰ　流動資産
Ⅱ　固定資産
(1)　有形固定資産
(2)　無形固定資産
(3)　投資その他の資産

● 流動・固定分類の基準

　流動と固定を区分する具体的な基準には，原則として次の2つがあります。

(1) 営業循環基準 (operating cycle rule)

　企業の主たる営業活動の循環過程の中にある資産を流動資産とし，営業活動の循環過程の中にある負債を流動負債とする基準を**営業循環基準**といいます。

　企業活動は，資金（現金等）を調達してその資金で商品や製品の材料を仕入れたりします。商品を掛けで販売すると，後日その売上代金を受け取る債権である売掛金が生じ，その代金を回収すると売掛金という債権が減少します。また，商品を掛けで仕入れると，後日その仕入代金を支払う債務である買掛金が生じ，その代金を支払うと買掛金という債務が減少します

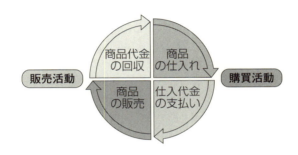

　このように，営業循環の中にある，現金・商品・売掛金などを流動資産として分類し，買掛金を流動負債として区分します。

(2) 1年基準 (one-year rule)

　決算日の翌日から1年以内に現金化または費用化する資産を流動資産，決算日の翌日から1年以内に支払期限が到来する負債を流動負債とし，それ以外を固定資産・固定負債とする基準を**1年基準**といいます。

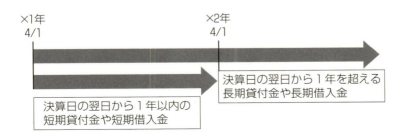

13 負債の区分と純資産の区分

学習目標
❶ 貸借対照表の負債の区分について理解する。
❷ 貸借対照表の純資産の区分について理解する。

● 負債の区分

負債の部は，**流動負債**，**固定負債**に区分されます。流動負債と固定負債は，資産と同様に営業循環基準と1年基準により区分されます。

Ⅰ 流動負債
Ⅱ 固定負債

● 純資産の区分

純資産は，資産総額から負債総額を差し引いた額をいいます。純資産は，株主資本とその他の項目に分けられます。株主資本は，株主に帰属する部分です。また，その他の項目は，評価・換算差額等と新株予約権に区分されます。

Ⅰ 株主資本
(1) 資本金
(2) 資本剰余金
1．資本準備金
2．その他資本剰余金
(3) 利益剰余金
1．利益準備金
2．その他利益剰余金
Ⅱ 評価・換算差額等
Ⅲ 新株予約権

13　負債の区分と純資産の区分

● **森永製菓の財務諸表を見てみよう！**

森永製菓の貸借対照表（抜粋）は，次のようになっていました。なお，単位は百万円ですが，省略しています。

	前事業年度 （平成29年3月31日）	当事業年度 （平成30年3月31日）
資産の部		
流動資産		
流動資産合計	66,936	73,535
固定資産		
有形固定資産		
有形固定資産合計	54,421	52,771
無形固定資産		
無形固定資産合計	301	252
投資その他の資産		
投資その他の資産合計	44,456	39,062
固定資産合計	99,179	92,085
資産合計	166,115	165,621
負債の部		
流動負債		
流動負債合計	64,001	49,825
固定負債		
固定負債合計	17,435	26,643
負債合計	81,436	76,469
純資産の部		
株主資本		
株主資本合計	70,147	73,808
評価・換算差額等		
評価・換算差額等合計	14,504	15,342
純資産合計	84,679	89,151
負債純資産合計	166,115	165,621

14　現金預金

■学習目標
❶　現金預金の意義について理解する。
❷　当座預金のしくみについて理解する。

● 現　金

　現金には，紙幣や硬貨のような通貨と，金融機関等に持ち込むとすぐに換金できる通貨代用証券が含まれます。通貨代用証券には，他人振出小切手，送金小切手，郵便為替証書，配当金領収証，支払期日の到来した公社債の利札などがあります。通貨代用証券のそれぞれの特徴は，次のように整理できます。

他人振出小切手	取引先等の他人が振り出した小切手。
送金小切手	金銭を遠隔地に送付したい送金人が，現金に代えて受取人に送付するために銀行等に発行してもらう小切手。
郵便為替証書	郵便為替による送金の際に発行される証書。
配当金領収証	株主が受領する配当金を引き換えるための証書。
支払期日の到来した公社債の利札	国・地方公共団体・会社が発行する公社債に付随する利息を受け取るための引換券であり，支払期日が到来すると換金できる。

● 預　金

　預金には，普通預金，当座預金，通知預金，定期預金があります。普通預金，当座預金，通知預金は流動資産に計上されますが，定期預金は満期日に応じて区分が異なってきます。定期預金のうち，決算日の翌日から1年以内に満期日が到来する預金は流動資産に区分表示されますが，1年を超えて満期日が到来する預金は，固定資産の「投資その他の資産」に区分表示され，満期日が近づき1年以内になった場合には，固定資産から流動資産へ振り替えます。

● 当座預金

普通預金や定期預金のように一般的に利用される預金に対して，**当座預金**は主に企業が決済に活用するための預金です。

企業が当座預金を利用するメリットとして，多額の現金を企業内に保有しておく必要がなく盗難のリスクを回避できることのほか，銀行とあらかじめ当座借越契約を結んでいれば，借越限度額内で当座預金口座の残高を超えて小切手を振り出すことができます。これは銀行からの短期の借入れを意味します。

● 森永製菓の財務諸表を見てみよう！

森永製菓の貸借対照表は，次のようになっていました。

	前事業年度 （平成29年3月31日）	当事業年度 （平成30年3月31日）
資産の部	金　額	金　額
流動資産		
現金及び預金	30,155	31,700
：		
固定資産		
：		
投資その他の資産		
：		
その他	810	824

流動資産に分類される「現金及び預金」は当事業年度で31,700であり，これには，1年を超える定期預金等は入っていません。貸借対照表の作成日（決算日）の翌日から1年を超える定期預金は，固定資産の投資その他の資産に分類されますが，その項目内に「預金」はありませんので，「その他」の824の中に含まれている可能性があります。

15 売上債権の種類

学習目標
❶ 受取手形について理解する。
❷ 売掛金について理解する。

● 売上債権の種類

債権とは，特定の人に対して金銭を支払ってもらう等の行為を請求しうる法律上の権利をいいます。

売上債権(営業債権という場合もあります)とは，企業の主たる営業活動による収益である売上によって発生した債権で，受取手形，売掛金がその代表例です。売上債権は，営業循環基準により，貸借対照表では資産の部の流動資産として計上されます。営業循環基準とは，すでに説明したように，主たる営業サイクル，すなわち「仕入れ（商品・原材料）→生産（製品）→販売（受取手形・売掛金）→回収（現金）」にある項目を流動資産とする基準です。

● 受取手形

受取手形とは，得意先との通常の営業取引（商品・製品の販売やサービスの提供）に伴って生じた手形債権です。なお，通常の営業取引以外の取引によって生じた手形債権は，受取手形として処理しません。たとえば，金銭を貸し付け，それにより相手先から受け取った約束手形（手形には約束手形と為替手形という種類があります）などは，貸借対照表上では短期貸付金として表示されます。

● 売掛金

売掛金とは，掛け（後日代金決済を行うことを約束する信用取引）による商品・製品の販売やサービスの提供などに伴って発生する営業上の債権です。すなわ

ち，売上代金の未収入額になります。掛取引は，取引の数が多い場合，そのつど現金決済するための手間を省くことができ，一定期間の取引金額をまとめて精算します。

● クレジット売掛金

クレジット払いにより売上をあげた場合には，その取引から生じる債権は，得意先に対して生じるものではなくクレジット会社に対して生じることになります。したがって，企業内では，通常の売掛金と区別してクレジット売掛金として管理しますが，貸借対照表上は売掛金に含めて一括して表示されます。

● 電子記録債権

電子記録債権は，電子記録債権法により制度化された金銭債権です。電子債権記録機関において債権の内容を電子的に記録することにより，取引の安全性・流動性ならびに利用者の保護の要請に応えようとしたものです。

電子記録債権は，手形債権の代替として機能することが想定されていることから，手形債権に準じて取り扱われます。貸借対照表上は，売掛金などの債権とは区分して「電子記録債権」として表示されます。

● 森永製菓の財務諸表を見てみよう！

森永製菓の貸借対照表は，次のようになっていました。

資産の部	前事業年度 （平成29年3月31日） 金　額	当事業年度 （平成30年3月31日） 金　額
流動資産		
受取手形	27	49
売掛金	17,991	21,570

森永製菓では，売上債権のほとんどが売掛金であることがわかります。

第3章 貸借対照表(資産)

16 売上債権の期末評価

学習目標
① 売上債権の区分について理解する。
② 売上債権の期末評価額の算定について理解する。

● 売上債権の区分

受取手形,売掛金は,債務者である取引先の経営悪化や倒産などの理由によって回収不能,すなわち貸倒れとなる場合があります。したがって,受取手形,売掛金の貸借対照表価額は,取得価額から貸倒見積高に基づいて算定された貸倒引当金を控除した金額とされます(企業会計基準第10号「金融商品に関する会計基準」(以下「金融商品会計基準」といいます)第14項)。

貸倒見積高の算定にあたっては,債務者の財政状態および経営成績等に応じて,債権は次の3つに区分されます。

① 経営状態に重大な問題が生じていない債務者に対する債権である**一般債権**
② 経営破綻の状態には至っていないが,債務の弁済に重大な問題が生じているか,または生じる可能性の高い債務者に対する債権である**貸倒懸念債権**
③ 経営破綻または実質的に経営破綻に陥っている債務者に対する債権である**破産更生債権等**(金融商品会計基準第27項)。

● 売上債権の期末評価

売上債権に対する貸倒見積高は,その区分に応じてそれぞれ次のような方法によって算定されます(金融商品会計基準第28項)。

16 売上債権の期末評価

一般債権	債権全体または同種・同類の債権ごとに，債権の状況に応じて求めた過去の貸倒実績率等の合理的な基準により算定する。
貸倒懸念債権	債権の状況に応じて，次のいずれかの方法により算定し，同一債権については，同一の方法を継続適用する。 ① 債権額から担保の処分見込額および保証による回収見込額を減額し，その残額について債権者の財政状態および経営成績を考慮して算定する（財務内容評価法）。 ② 元本の回収および利息の受取りに係るキャッシュ・フローを合理的に見積ることができる債権については，当初の約定利子率で割り引いた総額と帳簿価額との差額（キャッシュ・フロー見積法）。
破産更生債権等	債権額から担保の処分見込額および保証による回収見込額を減額した残額。

たとえば，売掛金500,000に対して過去の貸倒実績率により3％の貸倒れを見積れば，貸倒引当金の設定額は15,000となります。

貸倒引当金設定額　500,000×3％＝15,000

● 森永製菓の財務諸表を見てみよう！

森永製菓の貸借対照表は，次のようになっていました。

	前事業年度 （平成29年3月31日）	当事業年度 （平成30年3月31日）
資産の部	金　額	金　額
投資その他の資産		
貸倒引当金	△40	△48

森永製菓の場合，「一般債権については貸倒実績率により，貸倒懸念債権等の特定の債権については，個別に回収可能性を検討し，回収不能見込額を計上」（注記事項より）とされています。

流動資産である受取手形および売掛金という一般債権に対しては，貸倒引当金の金額が僅少であるため表示されていないと考えられます。

17　トレーニング①

問題1　A社とB社の貸借対照表の構成は，それぞれ次の表のようになっている。どちらが安定している構造となっているか，そしてその理由も示しなさい。

社　名	他人資本（負債）	自己資本（純資産）	総資本（負債＋純資産）
A社	600	400	1,000
B社	1,400	600	2,000

（　　　　　　　　　　　　　　　　　　　　　　　　　　）ため，
（　　　）社の財務構造の方が安定している。

問題2　次の項目のうち，現金として処理されるものには○を，処理されないものには×を（　　　）に記入しなさい。
(1)（　　　）他人振出小切手
(2)（　　　）郵便為替証書
(3)（　　　）他店振出しの商品券
(4)（　　　）郵便切手
(5)（　　　）自己振出小切手
(6)（　　　）株式配当金領収証
(7)（　　　）収入印紙
(8)（　　　）テレホンカード
(9)（　　　）支払期日が到来した社債利札
(10)（　　　）送金小切手

問題3　貸倒懸念債権に区分された北海道商店に対する売掛金2,000について，貸倒見積高（貸倒引当金）を，財務内容評価法によって算定しなさい。なお，同店より営業保証金として1,400の現金を受け入れている。また，貸

倒見積率は30％である。

解答・解説

[問題１]
（自己資本は返済する必要がなく，総資本に対する自己資本の割合が高い）ため，（　A　）社の財務構造の方が安定している。

A社の自己資本の割合　（400÷1,000）×100＝40％
B社の自己資本の割合　（600÷2,000）×100＝30％

[問題２]
(1) ○　　(2) ○　　(3) ×　　(4) ×　　(5) ×　　(6) ○　　(7) ×
(8) ×　　(9) ○　　(10) ○

(3)の商品券は他店商品券（資産）として処理します。
(4)の郵便切手と(8)のテレホンカードは購入時に通信費（費用）として処理します。
(5)の自己振出小切手は受取り時に当座預金（資産）として処理します。
(7)の収入印紙は購入時に租税公課（費用）として処理します。

　詳しくは，本書の姉妹書『ビジネスセンスが身につく簿記』をご参照ください。

[問題３]
貸倒見積高　　180

貸倒見積高は（債権額－保証による回収見込額）×貸倒見積率で算定されます。
（2,000－1,400）×30％＝180

18　有価証券の種類

■学習目標
❶ 有価証券の種類について理解する。
❷ 貸借対照表における有価証券の表示区分について理解する。

● 有価証券の種類

株式，公社債などの有価証券は，企業会計基準第10号「金融商品に関する会計基準」において，その保有目的に応じて，売買目的有価証券，満期保有目的の債券，子会社株式及び関連会社株式，その他有価証券に分類されています。

● 売買目的有価証券

売買目的有価証券は，時価の変動により利益を得ることを目的として保有する有価証券であり，流動資産の区分に「有価証券」として計上されます。

● 満期保有目的の債券

満期保有目的の債券は，満期まで所有する意図をもって保有する社債その他の債券です。満期保有目的の債券を取得した場合には，取得原価をもって貸借対照表価額とします。ただし，債券金額より低い価額または高い価額で取得した場合に，取得価額と債券金額との差額の性格が金利の調整と認められるときは，償却原価法に基づいて算定された価額をもって貸借対照表価額としなければなりません（金融商品会計基準第16項）。

償却原価法とは，取得価額と債権金額との差額を償還期まで毎期一定の方法で取得価額に加減する方法であり，加減額は受取利息または支払利息として処理されます（金融商品会計基準（注5））。

満期保有目的の債券は，固定資産の投資その他の資産の区分に「投資有価証

券」として計上されますが，1年以内に満期を迎えるものは，流動資産の区分に計上されます。

● 子会社株式及び関連会社株式

子会社株式とは他の企業を支配・統制する目的で保有している株式（50％超保有）であり，関連会社株式とは他の企業への影響力を行使する目的で保有している株式（20％～50％保有）です。子会社株式及び関連会社株式は，固定資産の投資その他の資産の区分に「関係会社株式」として一括して計上されます。

● その他有価証券

その他有価証券とは，売買目的有価証券，満期保有目的の債券，子会社株式及び関連会社株式以外の有価証券です。取引を円滑化するために保有する相手企業の株式などがあります。その他有価証券は，満期保有目的の債券と同様に，固定資産の投資その他の資産の区分に「投資有価証券」として計上されますが，1年以内に満期を迎えるものは，流動資産の区分に計上されます。

● 森永製菓の財務諸表を見てみよう！

森永製菓の貸借対照表は，次のようになっていました。

資産の部	前事業年度 （平成29年3月31日） 金　額	当事業年度 （平成30年3月31日） 金　額
投資その他の資産		
投資有価証券	26,941	28,132
関係会社株式	15,045	8,272

投資有価証券は，満期保有目的の債券とその他有価証券とを合わせた金額となります。また，関係会社株式は当事業年度は全事業年度の55％になっています。

19 有価証券の期末評価

学習目標
❶ 有価証券の期末評価について理解する。
❷ 有価証券の評価差額の会計処理について理解する。

● 有価証券の期末評価

企業会計基準第10号「金融商品に関する会計基準」においては，有価証券は保有目的および事業との関連性の観点から，それぞれ貸借対照表価額および評価差額等の処理方法が定められています。

<有価証券の種類と期末評価>

有価証券の種類	評価基準	評価差額の会計処理
売買目的有価証券	時価基準	当期の損益として処理し，純利益に算入する。
満期保有目的の債券	原価基準または償却原価法	償却原価法を適用した場合の債券の加減額は受取利息または支払利息に含めて処理し，純利益に算入する。
子会社株式及び関連会社株式	原価基準	評価差額は生じない。
その他有価証券	時価基準	洗い替え方式に基づき，税効果を調整の上，純資産に記載する（全部純資産直入法）。負の評価差額は当期の損失として処理することもできる（部分純資産直入法）。

● 売買目的有価証券の期末評価

売買目的有価証券については，投資者にとっての有用な情報は有価証券の期末時点での時価に求められます。したがって，時価をもって貸借対照表価額とされます。また，売買目的有価証券は，売却することについて事業遂行上等の制約がなく，時価の変動にあたる評価差額が企業にとっての財務活動の成果と考えられることから，その評価差額は当期の損益として処理されます。

● 満期保有目的の債券の期末評価

満期まで所有する意図をもって保有する社債その他の債券である満期保有目的の債券は，時価が算定できるものであっても，満期まで保有することによる利息および元本の受取りを目的としているため，原則として取得原価，または償却原価法に基づいて算定された価額をもって貸借対照表価額とされます。

● 子会社株式及び関連会社株式の期末評価

子会社株式及び関連会社株式については，事業投資と同じく時価の変動を財務活動の成果とは捉えないという考え方に基づき，取得原価をもって貸借対照表価額とされます。

● その他有価証券の期末評価

その他有価証券は，時価をもって貸借対照表価額とし，評価差額は洗い替え方式に基づき，①純資産の部に計上するか，②正の評価差額は純資産の部に計上し，負の評価差額は当期の損失として処理されます。なお，純資産の部に計上される評価差額については，税効果会計を適用しなければなりません。

● 時価が著しく下落した場合の期末評価

満期保有目的の債券，子会社株式及び関連会社株式，およびその他有価証券のうち市場価格があるものについて時価が著しく下落したときは，回復する見込みがあると認められる場合を除き，時価をもって貸借対照表価額とし，評価差額は当期の損失として処理しなければなりません。

また，市場価格のない株式については，発行会社の財政状態の悪化により実質価額が著しく低下したときは，相当な減額をし，評価差額は当期の損失として処理しなければなりません。

20 トレーニング②

問題1 次の有価証券を購入した場合，売買目的有価証券，満期保有目的の債券，子会社株式，関連会社株式，その他有価証券のいずれに分類するのか答えなさい。

(1) 売買目的で仙台株式会社の株式500株を取得した。
(2) 沖縄株式会社の株式3,000株を取得した。なお，同社の発行済株式総数は10,000株である。
(3) 鹿児島株式会社の発行した社債1,000口を取得した。なお，当該社債は満期まで保有する目的で取得している。
(4) 得意先である東京株式会社との長期にわたる取引関係を維持するため，同社の株式20,000株を取得した。
(5) 千葉株式会社の株式3,000株を取得した。なお，同社の発行済株式総数は5,000株である。

問題2 当社（決算は年1回12月末）は×1年1月1日にA社社債980,000（額面1,000,000，償還期限：4年）を現金で取得した。この債券は満期まで所有する意図をもって保有するものである。なお，取得原価と額面金額との差額はすべて金利の調整部分である。償却原価法（定額法：取得差額を毎期一定額ずつ取得原価に加算する方法）によった場合の各期末の貸借対照表価額を計算しなさい。

		貸借対照表価額
(1)	×1年12月31日	
(2)	×2年12月31日	
(3)	×3年12月31日	
(4)	×4年12月31日	

解答・解説

問題 1

(1) 売買目的有価証券
(2) 関連会社株式
(3) 満期保有目的の債券
(4) その他有価証券
(5) 子会社株式

(1) 問題文に「売買目的」と明記されています。
(2) 発行済株式総数の30%（3,000株÷10,000株＝30%）の株式を取得しているため，関連会社株式に該当します。
(3) 問題文に「満期まで保有する目的」と明記されています。
(4) 問題文に「長期にわたる取引関係を維持するため」と明記されています。
(5) 発行株式総数の60%（3,000株÷5,000株＝60%）の株式を取得しているため，子会社株式に該当します。

問題 2

		貸借対照表価額
(1)	×1年12月31日	985,000
(2)	×2年12月31日	990,000
(3)	×3年12月31日	995,000
(4)	×4年12月31日	1,000,000

債券の額面価額1,000,000と取得価額980,000との差額20,000を，償還期間の4年にわたって取得価額に加算し貸借対照表価額とします。

1年間の有価証券利息＝（1,000,000－980,000）÷4＝ 5,000

21 商品の取得原価

学習目標
1. 棚卸資産の種類について理解する。
2. 商品の取得原価について理解する。
3. 費用配分の原則について理解する。

棚卸資産の種類

資産にはさまざまな形態をもつものがあります。販売や製造などのために消費することを目的として保有する資産として棚卸資産があります。通常，棚卸しによってその有高が確認できるもので次のようなものがあります。

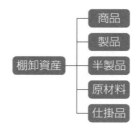

営業循環過程と棚卸資産

流動資産と固定資産を区分する基準として営業循環基準があります。この営業循環過程内にある項目の代表的なものが棚卸資産です。

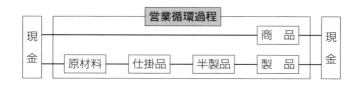

商品の取得原価

購入した商品（棚卸資産）の取得原価には，その購入代価のほか，これを消費し，または販売の用に供するために直接要したすべての費用の額（付随費用といいます）が含まれます。

たとえば，(1)買入事務，検収，整理，選別，手入れ等に要した費用の額，(2)販売所等から販売所等へ移管するために要した運賃，荷造費等の費用の額，(3)特別の時期に販売するなどのため，長期にわたって保管するために要した費用の額などです。

費用配分の原則

取得原価は，期間損益を計算するために，当期の費用となる部分と次期以降の費用となる部分（資産として次期に繰り越す部分）とに分ける必要があります。これを**費用配分の原則**といいます。

このように，棚卸資産には費用配分の原則が適用され，売上原価は損益計算書に計上され，期末棚卸高は，たとえば「商品」として貸借対照表に計上されます。

したがって，適正な期間損益計算を行うためには，正確な払出価額（売上原価）の計算とそれに関連する次期繰越高（期末棚卸高）が必要となります。

22 商品の払出価額の計算

学習目標
❶ 商品の払出価額を計算する必要性について理解する。
❷ 代表的な計算方法について理解する。

● 商品勘定

払出価額と期末棚卸高は，基本的に単価に数量を乗じた金額となります。

```
払 出 価 額 ＝ 払出単価 × 払出数量
期末棚卸高 ＝ 期末単価 × 期末棚卸数量
```

商　　品	
期首商品棚卸高	払出価額 （売上原価）
当期商品仕入高	
	期末商品棚卸高

● 数量の計算

数量の計算方法として，①継続記録法（帳簿棚卸法：商品有高帳等の記録に基づいて確かめる方法）と②棚卸計算法（実地棚卸法：期末在庫の商品等を実際に調べることにより確かめる方法）があります。①による期末商品棚卸数量は現存すべき数であり，②による期末商品棚卸数量は現存する数となります。

継続記録法では，期末数量は次のように計算されます。

```
期末数量 ＝ （期首数量 ＋ 当期受入数量） － 当期払出数量
```

棚卸計算法では，払出数量は次のように計算されます。

```
当期払出数量 ＝ 期首数量 ＋ 当期受入数量 － 期末数量
```

● 単価の計算

期末商品の単価を決定する際に，商品を口別（それぞれ）に把握できる場合

は個別法により各仕入単価を用いればよいのですが，多種多様な商品を売買している昨今の企業の場合，個別法を用いることが困難です。そこで，代替的な把握方法として原価配分法が採用されています。なお，企業会計基準第9号「棚卸資産の評価に関する会計基準」（以下「棚卸資産評価基準」といいます）では，選択できる評価方法から後入先出法（あといれさきだしほう）が削除されました（棚卸資産評価基準34-12）。評価方法をまとめると次のとおりです。

	個別法	先入先出法	後入先出法	平均原価法	売価還元法
企業会計原則第三5 A	○	○	○	○	
企業会計原則注解（注21）(1)	○	○	○	○	○
原価計算基準11（三）	○	○	○	移動平均法 総平均法	
棚卸資産評価基準6-2	○	○		移動平均法 総平均法	○

● 商品の払出価額の計算方法

商品の払出価額の計算方法には，次のような方法があります。

個　別　法：取得原価の異なる棚卸資産を区別して記録し，その個々の実際原価によって期末棚卸資産の価額を算定する方法です。

先入先出法（さきいれさきだしほう）：最も古く取得されたものから順次払出しが行われ，期末棚卸資産は最も新しく取得されたものからなるとみなして期末棚卸資産の価額を算定する方法です。

後入先出法：最も新しく取得されたものから棚卸資産の払出しが行われ，期末棚卸資産は最も古く取得されたものからなるとみなして期末棚卸資産の価額を算定する方法です。

平均原価法：取得した棚卸資産の平均原価を算出し，この平均原価によって期末棚卸資産の価額を算定する方法です。なお，平均原価は，総平均法または移動平均法によって算出することになります。

売価還元法：値入率等の類似性に基づく棚卸資産のグループごとの期末の売価合計額に，原価率を乗じて求めた金額を期末棚卸資産の価額とする方法です。売価還元法は取扱い品種の極めて多い小売業等の業種における棚卸資産の評価に適用されます。

23 トレーニング③

❓ 問題1 次の文章の（　　）内に適切な語句を挿入しなさい。

棚卸資産評価基準によると，棚卸資産の種類としては，（　1　），（　2　），（　3　），（　4　），（　5　）等がある。

そのほかに，販売不動産（不動産販売業の場合），販売目的有価証券（証券業の場合）も含まれる。

❓ 問題2 問題1で解答したそれぞれの棚卸資産について，説明しなさい。

❓ 問題3 次の文章の（　　）内に適切な語句を挿入しなさい。

棚卸資産の取得原価は，（　1　）に引取運賃などの（　2　）を加えた価額である。この取得原価は，期間損益を計算するために，当期の費用となる部分と次期以降に費用となる部分（資産として次期に繰り越す部分）とに分ける必要があります。これを（　3　）の原則といいます。

❓ 問題4 継続記録法と棚卸計算法について，それぞれ説明しなさい。

❓ 問題5 棚卸計算法を用いて，次の場合の当期払出数量を求めなさい。
　　　　　期首数量　　　　　850個
　　　　　当期受入数量　12,200個
　　　　　期末数量　　　　　720個

解答・解説

問題1
(1) 商品　　(2) 製品　　(3) 半製品　　(4) 原材料　　(5) 仕掛品

問題 2

(1) 販売目的のために，完成品を他企業から購入し保有するもの。
(2) 販売目的のために，自社で製造し保有するもの。
(3) 製造過程にあるもので，外部に売却可能なもの。
(4) 製品の製造を行う際に短期間での消費が予定されるもの。
(5) 製造過程にあるもので，外部に売却不可能なもの。

問題 3

(1) 購入代価　　(2) 付随費用　　(3) 費用配分

問題 4

継続記録法は，商品有高帳等の記録に基づいて，受入れ，払出し，残高の数量を継続的に記録し，期末棚卸数量（帳簿棚卸数量）を明らかにする方法である。帳簿棚卸法ともよばれる。

棚卸計算法は，当期受入数量だけを記録しておき，期末に棚卸数量（在庫商品等）を実際に調べること（棚卸）により，当期の払出数量と実地の期末棚卸数量（実地棚卸数量）を明らかにする方法である。実地棚卸法ともよばれる。

*

棚卸資産の会計処理は，数量を計算する点，金額を計算する点の2つの点から構成されています。

まず，購入時には，数量計算として受入数量が用いられ，金額計算として数量に単価を乗じた金額が取得原価として計算されます。

次に，売却時には，数量計算として払出数量が用いられ，金額計算として数量に単価を乗じた金額が払出価額として計算されます。これが，いわゆる売上原価として損益計算書に計上されます。

最後に，在庫棚卸しの際，数量計算として棚卸数量が用いられ，単価を乗じた金額が棚卸価額として計算されます。これが，いわゆる期末棚卸高として貸借対照表に計上されます。

問題 5

当期払出数量 = 850 + 12,200 - 720 = 12,330（個）

24 商品等の期末評価

■学習目標　❶ 棚卸減耗損について理解する。
　　　　　❷ 棚卸評価損について理解する。

　商品等の棚卸資産は，期末に原則として取得原価によって評価されます。この取得原価は期末棚卸高とよばれ，単価に数量をかけて計算します。

● 棚卸減耗損と棚卸評価損

(1) 棚卸減耗損

　商品等の棚卸資産は，その保管中に減耗，消失，盗難等により，実地棚卸数量（現存している数量）が帳簿棚卸数量（現存すべき数量）より少ない場合があります。つまり，継続記録法により商品の受入れや払出しを記録している場合の帳簿棚卸数量が，棚卸計算法により確定された実際の実地棚卸数量と異なるのです。この不足分を**棚卸減耗**といい，帳簿価額を修正する必要があります。この金額は，**棚卸減耗損**（または棚卸減耗費）とよばれます。棚卸減耗損は，数量不足による損失ですから，不足数に単価を乗じることにより算出されます。たとえば，先入先出法を採用している会社の場合であれば，先入先出法により算定した期末棚卸資産に適用される単価を用います。

> 棚卸減耗損 ＝ （帳簿棚卸数量 － 実地棚卸数量）× 単価

(2) 棚卸評価損

棚卸資産評価基準では，通常の販売目的で保有する棚卸資産について，期末の正味売却価額（売価から販売費等を差し引いた価額）が取得原価より下落している場合には，その正味売却価額で評価しなければならないとされています。

> 棚卸評価損 ＝（取得原価 － 正味売却価額）× 実地棚卸数量

● 棚卸減耗損と棚卸評価損の計算方法

たとえば，以下の場合に，棚卸減耗損と棚卸評価損は次のように計算され，結果として貸借対照表価額（次期繰越高）を求めることができます。

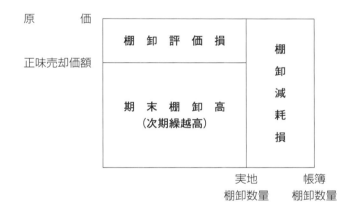

<資料>
期末商品棚卸高　帳簿棚卸数量50個　原　　　価＠6
　　　　　　　　実地棚卸数量45個　正味売却価額＠5

<計算式>
棚卸減耗損：＠6×（50個－45個）＝30
棚卸評価損：（＠6－＠5）×45個＝45
棚卸資産の期末棚卸高（次期繰越高）：＠6×50－30－45＝225
　　　　　　　　　　（検算）：＠5×45個＝225

第3章 貸借対照表（資産）

25 トレーニング④

問題1 棚卸減耗損と棚卸評価損について説明し，損益計算書における表示区分を示しなさい。

問題2 期末商品の評価に関する処理を説明しなさい。

問題3 次の資料に基づいて，貸借対照表，損益計算書の空欄を埋めなさい。なお，GとIには適切な語を入れなさい。

（資料） 期首商品棚卸高300，当期商品仕入高1,000
期末商品の帳簿棚卸数量50個　原価@10
期末商品の実地棚卸数量45個　正味売却価額@8
なお，棚卸減耗損，棚卸評価損は売上原価の内訳項目とする。

貸借対照表		損益計算書	
流動資産		売上原価	
商品	A	期首商品棚卸高	B
		当期商品仕入高	C
		計	D
		期末商品棚卸高	E
		差引	F
		G	H
		I	J
			940

54

解答・解説

問題 1

	発生原因	説　明	損益計算書上の表示
棚卸減耗損	数量不足	期末に棚卸資産の実地調査（実地棚卸）を行った際、帳簿上の数量と比べて、実際数量が少なかった場合、当該差異（数量）に原価を乗じた金額を棚卸減耗損とよぶ。	売上原価の内訳項目または販売費。なお、原材料の場合は製造原価
棚卸評価損	正味売却価額の下落	棚卸資産は、取得原価を基礎として計算されるが、正味売却価額が取得原価よりも下落している場合には、当該金額まで帳簿価額を減額することが必要となる。この際に発生する評価損を棚卸評価損とよぶ。	売上原価の内訳項目、特別損失。なお、棚卸資産の生産に関連し不可避的に発生すると認められる時は製造原価

問題 2

　期末商品棚卸高は、売上原価の算定を行う際に必要となる。価額は、単価と数量によって計算される。しかし、数量の減少（棚卸減耗）や棚卸評価損の発生により帳簿価額との差額が生じた場合には、帳簿価額を減額する必要がある。それらの処理を経て貸借対照表における商品（期末商品）の金額が決定する。

問題 3

A：360　B：300　C：1,000　D：1,300　E：500　F：800　G：棚卸減耗損
H：50　I：棚卸評価損　J：90

26　製品の製造原価

学習目標
❶　原価計算の必要性について理解する。
❷　製品の製造原価について理解する。

原価計算の必要性

原価計算は，経営者等のために，一定期間の損益（売上原価，販売費，一般管理費による影響）や期末における財政状態（製品，仕掛品，原材料の有高）を財務諸表に表示するために必要な真実の原価を集計することが目的です。また，価格計算，原価管理，予算，経営の基本計画等のために原価資料を提供することも目的となります。

原価計算の基本的手続き

原価計算の基本的な手続きは，費目別計算，部門別計算，製品別計算です。**費目別計算**では，材料費・労務費・経費など原価財の資源のタイプ別に計算されます。次に，**部門別計算**では，原価が発生した場所や機能により原価を再計算します。さらに，**製品別計算**では，製品の一定単位ごとに原価要素を集計します。

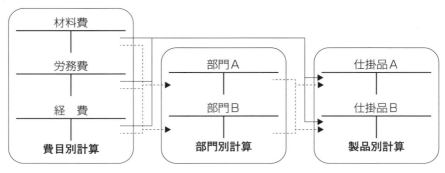

なお，仕掛品は完成とともに製品となります。

●゜ 総原価の構成

総原価の構成を示すと，次のように分類されます。

		販売費	
		一般管理費	総原価
間接材料費	製造間接費	製造原価	
間接労務費			
間接経費			
直接材料費	製造直接費		
直接労務費			
直接経費			

●゜ 製品原価

製造直接費および製造間接費は，製品に集計されて製品原価とよばれます。

製　品

期首製品棚卸高	売上原価
当期製品製造原価	
	期末製品棚卸高

当期に販売された製品原価は，損益計算書に売上原価として計上され，期末製品の棚卸高は，貸借対照表に製品として計上されます。

●゜ 森永製菓の財務諸表を見てみよう！

森永製菓の貸借対照表は，次のようになっていました。

資産の部	金　額
流動資産	
製品	7,789
仕掛品	549
原材料及び貯蔵品	3,734

27　トレーニング⑤

❓ 問題1　企業会計審議会の公表した「原価計算基準」を参考にして，『原価の本質』について述べなさい。

❓ 問題2　原価計算の基本的手続きについて説明しなさい。

❓ 問題3　費目別計算の3つの費目である材料費，労務費，経費について，それぞれ説明しなさい。

❓ 問題4　空欄A～Fに適切な語を入れなさい

		販売費	
		一般管理費	
(A)　材料費			
間接労務費	(C)		
間接経費			(F)
直接材料費		(E)	
(B)　労務費	(D)		
直接経費			

解答・解説

問題 1

原価計算制度において，原価とは，経営における一定の給付にかかわらせて把握された財貨または用役（以下，これを「財貨」という）の消費を，貨幣価値的に表したものである。
　㈠　原価は，経済価値の消費である。
　㈡　原価は，経営において作り出された一定の給付に転嫁される価値であり，その給付にかかわらせて把握されたものである。
　㈢　原価は，経営目的に関連したものである。
　㈣　原価は，正常的なものである。

問題 2

原価計算の基本的な手続きは，費目別計算，部門別計算，製品別計算である。
　費目別計算は，材料費・労務費・経費など原価財の資源のタイプ別に計算し，部門別計算は，原価が発生した場所や機能により計算し，製品別計算は，製品の一定単位ごとに原価要素を集計する手続きである。

問題 3

材料費は，直接材料費と間接材料費に分けられる。製品の主要部分を構成するのが直接材料費であり，物品を消費することで発生する。間接材料費は補助材料などである。
　労務費は，直接労務費と間接労務費に分けられる。製品の加工作業を直接行った労働者に対する賃金は直接労務費であり，工場等の事務員の給与や製造に間接的にかかわった労働者に対する賃金は間接労務費である。
　経費は，直接経費と間接経費に分けられる。材料費や労務費以外に発生した原価であり，個々の製品に対して発生したものは直接経費であり，製品共通で発生したものは間接経費である。具体的には水道光熱費，減価償却費，外注加工費，工場事務費，修繕費，賃借料等があげられる。

問題 4

A：間接，B：直接，C：製造間接費，D：製造直接費，E：製造原価，
F：総原価

28 仕掛品・製品の期末評価

学習目標
❶ 仕掛品と製造原価明細書の関係について理解する。
❷ 売上原価の内訳科目と製品の関係について理解する。

● 仕掛品の期末評価

仕掛品は，製造途中にある原価を集計したものとなります。

仕 掛 品

期首仕掛品棚卸高	当期製品製造原価
当期総製造費用	
	期末仕掛品棚卸高

当期製品製造原価 ＝ 期首仕掛品棚卸高 ＋ 当期総製造費用 － 期末仕掛品棚卸高

当期製品製造原価を計算するためには，正確な期末仕掛品の評価（個別原価計算や総合原価計算により異なります）が重要となります。

● 仕掛品と製造原価明細書

製造原価明細書は，当期製品製造原価を明らかにします。したがって，仕掛品の構成と，製造原価明細書とは対応関係にあります。

仕 掛 品

期首仕掛品棚卸高 300	当期製品製造原価 2,000
当期総製造費用 2,100	
	期末仕掛品棚卸高 400

製造原価明細書

Ⅰ　原材料費	1,000
Ⅱ　労務費	700
Ⅲ　経費	400
当期総製造費用	2,100
期首仕掛品棚卸高	300
合　　計	2,400
期末仕掛品棚卸高	400
当期製品製造原価	2,000

当期製品製造原価＝期首仕掛品棚卸高＋当期総製造費用－期末仕掛品棚卸高
　（2,000）　　　　　　（300）　　　　　　（2,100）　　　　　　（400）

● 製品と売上原価の内訳科目

　売上原価の内訳科目の表示は，売上原価の計算過程を明らかにします。したがって，製品の構成と，売上原価の内訳科目とは対応関係にあります。

製　　品

期首製品棚卸高 600	売上原価 1,900
当期製品製造原価 2,000	期末製品棚卸高 700

損益計算書

Ⅱ　売上原価	
1　期首製品棚卸高	600
2　当期製品製造原価	2,000
合　　計	2,600
3　期末製品棚卸高	700
売上原価合計	1,900

売上原価＝期首製品棚卸高＋当期製品製造原価－期末製品棚卸高
（1,900）　　（600）　　　　　（2,000）　　　　　（700）

29 トレーニング⑥

❓ 問題1 個別原価計算と総合原価計算の適用形態および製品原価の算定方法について述べなさい。

❓ 問題2 空欄に適切な語句，数値を挿入しなさい。

製造原価明細書

I 原材料費	2,800
II 労務費	3,700
III 経費	600
当期（　　　）	（　　　）
（　　　　　　）	400
合　計	（　　　）
期末仕掛品棚卸高	800
（　　　　　　）	（　　　）

❓ 問題3 空欄に適切な語句，数値を挿入しなさい。

損益計算書

II 売上原価	
1 期首製品棚卸高	1,100
2 （　　　　　）	6,700
合　計	（　　　）
3 （　　　　　）	700
売上原価合計	（　　　）

解答・解説

問題 1

　個別原価計算は，種類を異にする製品を個別的に生産する生産形態に適用する。個別原価計算にあっては，特定製造指図書について個別的に直接費および間接費を集計し，製品原価は，これを当該指図書に含まれる製品の生産完了時に算定する。

　総合原価計算は，同種製品を反復連続的に生産する生産形態に適用する。一期間に発生したすべての原価要素を集計して当期総製造費用を求め，これに期首仕掛品原価を加え，この合計額を，完成品と期末仕掛品とに分割計算することにより，完成品総合原価を計算し，これを製品単位に均分して単位原価を計算する。

問題 2

製造原価明細書

Ⅰ	原材料費	2,800
Ⅱ	労務費	3,700
Ⅲ	経費	600
	当期（総製造費用）	(7,100)
	（期首仕掛品棚卸高）	400
	合　　　計	(7,500)
	期末仕掛品棚卸高	800
	（当期製品製造原価）	(6,700)

問題 3

損益計算書

Ⅱ	売上原価	
1	期首製品棚卸高	1,100
2	（当期製品製造原価）	6,700
	合　　　計	(7,800)
3	（期末製品棚卸高）	700
	売上原価合計	(7,100)

30 前払費用

学習目標
❶ 前払費用の意味について理解する。
❷ 前払費用の計算方法について理解する。

前払費用とは

前払費用とは，貸借対照表の流動資産に属する表示科目です。

当期に支払った費用の額のなかに翌期以降の分が含まれている場合には，これを当期の費用から除く必要があります。この手続きを**費用の繰延べ**といいます。この翌期の費用が前払費用となります。

なお，「長期前払費用」は貸借対照表の固定資産の投資その他の資産に属する表示科目です。「長期前払費用」は前払費用のうち，1年を超えて費用化されるものです。「前払費用」は1年以内に費用化されるものです。

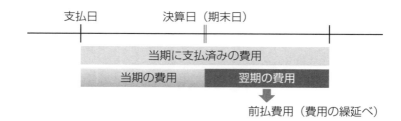

計算例

(1) 10月1日：1年分（10月1日～翌年9月末）の保険料12,000を支払う。
(2) 12月31日：決算を迎え，当期分の費用額を確定し，次期の費用額を繰り延べた。

考え方

(1) 支払保険料12,000が発生します。
(2) 前払保険料9,000（12,000×(9ヵ月/12ヵ月)＝9,000）となり，支払保険料12,000のうち9,000が当期費用から除かれます。

●利益への影響

前払費用の計上は当期の費用額を減額するため，その分当期の利益が増加します。費用の繰延べは，適正な期間損益計算のための手続きともいえます。

●森永製菓の財務諸表を見てみよう！

森永製菓の貸借対照表は，次のようになっていました。

資産の部	前事業年度 （平成29年3月31日） 金　額	当事業年度 （平成30年3月31日） 金　額
流動資産		
前払費用	713	699
固定資産		
長期前払費用	153	108

31 有形固定資産の種類・取得原価

学習目標
1. 有形固定資産の意味と種類について理解する。
2. 有形固定資産の取得原価の計算方法について理解する。

● 有形固定資産とは

有形固定資産は，貸借対照表の固定資産に属する表示科目です。

そもそも，固定資産とは，会社が1年を超えて長期にわたり使用するために所有している資産をいい，営業用に供されるものです。固定資産には，有形固定資産と無形固定資産がありますが，そのうち，有形固定資産とは物理的な形態をもつものをいい，物理的な形態をもたないものが無形固定資産です。

● 有形固定資産の種類

有形固定資産の主なものを示すと，次のものがあります。

建　　物	店舗，工場，事務所等の営業用建物のほか，冷暖房や照明などの付属設備が含まれる。
構築物	橋，へい，煙突，広告塔等，土地に定着した建物以外の設備または工作物。
機械及び装置	作業機械，工作機械，化学装置等の設備。
車両運搬具	自動車等の陸上運搬具。
工具，器具及び備品	耐用年数1年超の工具・器具等で金額が相当額以上のもの。
土　　地	営業用に用いられる土地。
建設仮勘定	建物や機械及び装置などの建設に要した支出を，それが完成するまで一時的に記録しておく勘定。

● 有形固定資産の取得原価

有形固定資産を取得した際には，取得原価で計上します。

次の計算式のとおり，本体の代金だけでなく，資産を手に入れ使用できるようになるまでに支出した費用（付随費用）も含めます。

> 取得原価 ＝ 購入代価 ＋ 付随費用

付随費用としては，登記料，仲介手数料，引取運賃，据付費（すえつけひ），購入手数料，登録手数料などがあげられます。

●計算例

建物8,000を購入し，購入代価は現金で支払いました。また，購入にあたっての登記料は400であり，これも現金で支払った場合は以下のようになります。

取得原価(8,400) ＝ 購入代価(8,000) ＋ 付随費用(400)

●森永製菓の財務諸表を見てみよう！

森永製菓の貸借対照表は，次のようになっていました。

資産の部	前事業年度 （平成29年3月31日） 金　額	当事業年度 （平成30年3月31日） 金　額
固定資産		
建物	15,084	15,003
構築物	966	911
機械及び装置	9,102	10,204
車両運搬具	25	34
工具，器具及び備品	380	462
土地	26,897	25,128
リース資産	553	616
建設仮勘定	1,411	408

32 トレーニング⑦

問題 1 次の文章の（　　）にあてはまる適切な用語を答えなさい。
(1) 前払費用とは，貸借対照表の（　　）に属する表示科目である。
(2) 有形固定資産とは，貸借対照表の（　　）に属する表示科目である。

問題 2 貸借対照表表示科目で，以下のものは，流動資産と固定資産のいずれに属するか答えなさい。

貸借対照表表示科目	流動資産または固定資産の区別
建物	
売掛金	
車両運搬具	
製品	
工具，器具及び備品	
仕掛品	
建設仮勘定	

問題 3 当社は年1回の決算で，会計期間は4/1～翌年の3/31である。以下の場合の，当期の費用と，決算で貸借対照表に記載される前払費用の額を求めなさい。なお，計算については月割り計算とする。
(1) 7/1に1年間分の家賃として360,000支払った。
(2) 12/1に1年間分の地代960,000支払った。

	費用	前払費用
(1)		
(2)		

問題 4 建物10,000,000を購入し、購入代価とともに、購入にあたっての登記料500,000を支払った。この場合の建物の「取得原価」はいくらになるか。

 解答・解説

問題 1
(1) 流動資産　(2) 固定資産

問題 2

貸借対照表表示科目	流動資産または固定資産の区別
建物	固定資産
売掛金	流動資産
車両運搬具	固定資産
製品	流動資産
工具, 器具及び備品	固定資産
仕掛品	流動資産
建設仮勘定	固定資産

問題 3

	費用	前払費用
(1)	270,000	90,000
(2)	320,000	640,000

問題 4

建物の取得原価 = 10,500,000

33 有形固定資産の減価償却・期末評価

学習目標
❶ 有形固定資産の減価償却の意味について理解する。
❷ 有形固定資産の期末評価の計算方法について理解する。

● 減価償却とは

　有形固定資産のうち土地および建設仮勘定以外の建物や車両運搬具などは，使用や時の経過などに伴って，その価値は減少していきます。いつまでも新品のままではいられません。たとえば，10年前に10,000で手に入れた車両運搬具は，使用や時の経過により，その価値は下がっています。

　このようなことから，価値の減少分をその固定資産を使用する会計期間に費用として配分する必要があり，その手続きを**減価償却**といいます。この際に計上される費用を**減価償却費**といいます。すなわち，減価償却とは，費用配分の原則を有形固定資産に適用した会計手続きになります。

● 有形固定資産の期末評価

　有形固定資産の期末評価額は，取得原価から減価償却累計額を差し引いた額になります。減価償却累計額は，毎年行われる減価償却という費用配分の手続きによって計算された減価償却費の累計額です。

● 減価償却費の計算方法

減価償却費の計算方法には，定額法，定率法，生産高比例法などがあります。

	定額法	定率法	生産高比例法
計算式	$\dfrac{\text{取得原価}-\text{残存価額}}{\text{耐用年数}}$	未償却残高×償却率	$\dfrac{\text{取得原価}-\text{残存価額}}{\text{予定総生産高}}$ ×毎期生産高
特 徴	減価償却費は毎年一定額（同額）となる。	減価償却費は年度が進むにつれて減少していく。	固定資産の利用に比例して減価償却費が計算される。

減価償却費の計算には通常，次のような計算要素が必要になります。

- 取得原価：買入代価に付随費用を加えた金額をいいます。
- 耐用年数：見積りによる固定資産の使用可能年数をいいます。
- 残存価額：耐用年数経過後の処分可能見込額をいいます。

● 減価償却の記帳方法

直接法と**間接法**があります。直接法は，減価償却費額を当該固定資産の帳簿価額から直接控除します。間接法は，直接控除せず，**減価償却累計額**を把握し，間接的に固定資産の帳簿価額を示します。

● 森永製菓の財務諸表を見てみよう！

森永製菓の貸借対照表は，次のようになっていました。

	前事業年度 （平成29年3月31日）	当事業年度 （平成30年3月31日）
資産の部	金　額	金　額
固定資産		
建物	15,084	15,003

森永製菓の貸借対照表では，たとえば，建物は当事業年度で15,003計上されています。これは，減価償却という手続きを行った結果を示しています。

34 トレーニング⑧

❓ 問題1 次の文章の（　　　）にあてはまる適切な用語を答えなさい。

(1) 価値の減少分をその固定資産を使用する会計期間に費用として配分する必要があり、その手続きを（　①　）という。この際に計上される費用を（　②　）という。（　①　）は、（　③　）の原則を固定資産に適用した会計手続きである。

(2) （　④　）法は、毎期一定額の（　②　）を計上する方法で、次のように計算する。

$$\text{毎期の（　②　）} = \frac{（　⑤　）-（　⑥　）}{（　⑦　）}$$

(3) （　⑧　）法は、初年度に多額の償却をする方法である。

①	②	③	④
⑤	⑥	⑦	⑧

❓ 問題2 次の問に答えなさい。

(1) 決算において（会計期間は4/1～3/31）、当期首に取得し使用している車両運搬具（取得原価60,000、耐用年数8年、残存価額は取得原価の10％）の減価償却を行う。定額法と定率法（償却率0.25）で当期末および翌期末の減価償却費を計算するものとして、次の表の空欄内に金額を記入しなさい。

償却期	定　額　法		定　率　法	
	減価償却費	減価償却累計額	減価償却費	減価償却累計額
当期				
翌期				

(2) 次の機械の減価償却費を生産高比例法によって計算しなさい。
　　取得原価50,000　　残存価額10％

予定総利用時間数18,000時間　　当期の利用時間数2,000時間

解答・解説

問題1

①	減価償却	②	減価償却費	③	費用配分	④	定額
⑤	取得原価	⑥	残存価額	⑦	耐用年数	⑧	定率

問題2

(1)

	定額法		定率法	
償却期	減価償却費	減価償却累計額	減価償却費	減価償却累計額
当期	6,750	6,750	15,000	15,000
翌期	6,750	13,500	11,250	26,250

（定額法）

$$毎期の減価償却費 = \frac{60,000 - 60,000 \times 10\%}{8}$$
$$= 6,750$$

（定率法）

　　当期の減価償却費 $= 60,000 \times 0.25$
　　　　　　　　　　$= 15,000$

　　翌期の減価償却費 $= (60,000 - 15,000) \times 0.25$
　　　　　　　　　　$= 11,250$

(2)　当期の減価償却費　5,000

$$当期の減価償却費 = \frac{50,000 - 50,000 \times 10\%}{18,000時間} \times 2,000時間$$
$$= 5,000$$

35 リース資産

学習目標
❶ リース取引のしくみについて理解する。
❷ リース資産の意味について理解する。

● リース取引とは

企業では、すべての備品等を購入して利用しているわけではなく、事務用のコピー機などをリース取引によって利用するケースがあります。リース取引とは、リース会社から備品などを賃借する取引です。借手が貸手に対して一定のリース料を支払うことによって、貸手が借手に対してリース物件である備品等を使用する権利を与える取引をいいます。

リース取引の契約関係のイメージは次のとおりです。借手（当社）と貸手（リース会社）がリース契約を結ぶと、貸手は販売会社（メーカー等）からリース物件を調達し、それを借手に貸し渡します。借手は使用収益する権利を持ち、貸手は法的所有権を持ちます。

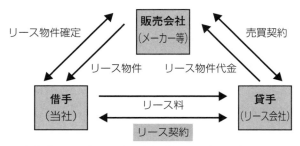

※ 借手を「レッシー（Lessee）」、貸手を「レッサー（Lessor）」といいます。

● リース取引の分類

(1) ファイナンス・リース

次の①②の2つの要件を満たす取引をいいます。

35 リース資産

① ノンキャンセラブル（解約不能）：解約することができないリース取引で，これに準じる取引も含まれます。
② フルペイアウト：借手（当社）がリース物件の経済的利益を実質的に受け，生じるコストも負担します。

(2) オペレーティング・リース
ファイナンス・リース以外のリース取引のことをいいます。

●° リース取引の会計処理（借手）

(1) ファイナンス・リース：売買処理
売買取引と同様の会計処理を行います。借手は，リース物件を資産（リース資産）として，また，将来支払うべきリース料を評価して負債（リース債務）として貸借対照表に計上します。なお，リース料の総額とリース資産の取得原価との差額は，リース取引にかかる利息を意味します。この利息の処理の違いにより①利子抜き法（原則）と②利子込み法の2つに区別されます。
①はリース料総額（利息相当額＋取得原価相当額）のうち，取得原価相当額が「リース資産」および「リース債務」として計上されます。②はリース料総額そのものが，「リース資産」および「リース債務」として計上されます。

(2) オペレーティング・リース：賃貸借処理
賃貸借取引と同様の会計処理を行います。

●° リース資産とは（リース債務とは）

ファイナンス・リース取引では，合意されたリース期間にわたって，貸手から借手にリース物件を使用収益する権利が与えられるので，これを資産（リース資産）に計上します。借手（当社）は貸手（リース会社）に対して，リース期間にわたってリース料を支払い続ける義務を負い，これを評価して負債（リース債務）に計上しなければなりません（リース債務については**45**参照）。

36 建設仮勘定

■学習目標■
❶ 建設仮勘定の意味について理解する。
❷ 建設仮勘定の会計処理について理解する。

● 建設仮勘定とは

建設仮勘定とは，貸借対照表の固定資産に属する表示科目です。

有形固定資産の建設や製作は，その性質上，完成・引渡しを受けるまで長期間になります。よって，建設中または製作中に代金の一部を支払うことがあります。

建設仮勘定は，現在において建設中または製作中の固定資産であり，建物，構築物，機械及び装置などの有形固定資産を建設・製作するにあたって，完成・引渡し前に生じる支出額をそれが完成するまで一時的に記録しておく勘定のことです。

有形固定資産が完成し，引渡しを受けたときは，該当する有形固定資産の勘定に振り替えます。

この建設仮勘定は，上記のように建設中または製作中ですから，まだ使用していないことになります。よって減価償却は行わないことになります。建設仮勘定は，土地と同様，非償却性資産とよばれます。

● 計算例

(1) 工事代金の一部を支払ったとき

1月1日（会計期間1/1～12/31）に埼玉建設に倉庫の建設を依頼し，建築代金10,000のうち，3,000を小切手を振り出して支払った。

(考え方)
建設中の倉庫に対して支払った建築代金の一部を，建設仮勘定として計上しま

す。建設仮勘定（資産）3,000を増加させ，当座預金（資産）3,000を減少させます。

(2) 完成・引渡しを受けたとき

翌期に埼玉建設に建設を依頼していた倉庫が完成し，引渡しを受け，建築代金10,000のうち，未払分7,000を小切手を振り出して支払った。また，建設仮勘定残高を建物勘定に振り替えた。

考え方

建設中の倉庫が完成し，引渡しを受けたときは，その倉庫に対する支払総額で計上し，建設仮勘定は精算します（建物勘定に振り替えます）。

建物（資産）10,000を増加させ，当座預金（資産）7,000を減少させ，建物仮勘定（資産）3,000を減少させます（(1)の建設仮勘定は(2)で建物勘定に振り替えます）。

● 森永製菓の財務諸表を見てみよう！

森永製菓の貸借対照表は，次のようになっていました。

	前事業年度 （平成29年3月31日）	当事業年度 （平成30年3月31日）
資産の部	金　額	金　額
固定資産		
機械及び装置	9,102	10,204
建設仮勘定	1,411	408

森永製菓の貸借対照表では，固定資産のなかの有形固定資産に「建設仮勘定」があります。前事業年度から当事業年度になり，「建設仮勘定」は，約1,000減少しています。これは，当事業年度において，建設途中であった何らかの固定資産の完成・引渡しがあったこと（すなわち，増額）を意味します。全額ではないでしょうが，「機械及び装置」が約1,000増えているのがわかります。

37 無形固定資産

■学習目標
❶ 無形固定資産の意味と種類について理解する。
❷ 無形固定資産の償却方法について理解する。

● 無形固定資産とは

無形固定資産(むけいこていしさん)は、貸借対照表の固定資産に属する表示科目です。

そもそも、固定資産とは会社が1年を超えて長期にわたり使用するために所有している資産をいい、営業用に供されるものです。固定資産には、有形固定資産、無形固定資産、および投資その他の資産があります。そのうち、有形固定資産とは物理的な形態をもつものをいい、物理的な形態をもたないが、法律上の権利やのれんなど営業活動のために長期にわたって使用する資産が無形固定資産です。

● 無形固定資産の種類

主な無形固定資産の種類として、次のものがあります。

特許権	特許法に基づいて登録された独占的利用権です。高度な発明が対象となる。
のれん	合併や買収などの企業再編により取得した超過収益力。
ソフトウェア	コンピュータを機能させるように指令を組み合わせて表現したプログラムなどを指す。
借地権	土地を利用するための地上権や賃借権を指す。なお、借地権は減価償却の対象外の資産。

※ このほか、商標権、意匠権、電話加入権、実用新案権、著作権などもあります。

● 無形固定資産の償却

　無形固定資産も有形固定資産と同様に償却を行います。ただし，無形固定資産の償却は，残存価額はなし，償却方法は定額法などにより，記帳方法は直接法により行います。資産の勘定から直接に価値を減少させ，減価償却費勘定の代わりに「○○○償却」という費用で処理します。たとえば，前項で示した無形固定資産それぞれの償却は「特許権償却」，「ソフトウェア償却」，「のれん償却」になります。なお，借地権は非償却性資産です。

＜計算例＞
　決算にあたり，当期首に取得していたのれん5,000のうち，250を償却した。

考え方
　のれんは，その取得後20年以内のその効果の及ぶ期間にわたって定額法などの方法により規則的に償却します。決算にあたり，5,000円÷20年＝250ののれん償却が発生し，のれんは250減少します。

● 森永製菓の財務諸表を見てみよう！

　森永製菓の貸借対照表は，次のようになっていました。

	前事業年度 （平成29年3月31日）	当事業年度 （平成30年3月31日）
資産の部	金　額	金　額
無形固定資産		
借地権	135	135

　森永製菓の貸借対照表では，固定資産のなかの無形固定資産に「借地権」があります。前事業年度と当事業年度で135のまま変化がありません。これは，借地権が土地と同様の非償却性資産であった点を考えると，納得がいくかもしれません。

38 投資その他の資産

■学習目標
❶ 投資その他の資産の意味について理解する。
❷ 投資その他の資産の種類について理解する。

●° 投資その他の資産とは

投資その他の資産とは，貸借対照表の固定資産に属する表示科目です。

具体的には，その名が示すとおり，投資とその他の資産に大きく分類されます。投資には，事業統制や支配等を目的とするものや長期利殖を目的とするものがあります。その他の資産には，他の資産区分に属さない長期性の資産があります。

●° 投資その他の資産の種類

主な投資その他の資産の種類として，次のものがあります。

投資	利殖目的等	投資有価証券	満期保有目的の債券，その他有価証券。
		長期貸付金	決算日の翌日から1年を超えて返済期限の到来する貸付金。
	他企業支配等の目的	関係会社株式	子会社株式，関連会社株式。
その他の長期性資産		長期前払費用	決算日の翌日から1年を超えて費用化する前払費用。
		前払年金費用	企業の退職給付に関する積立状況を示す額について，年金資産の額が退職給付債務の額を上回っている際に計上される。

●° 計算例

埼玉商事は，×5年度末において，年金資産については，その評価額6,000が

退職給付債務(に未認識数理計算上の差異および未認識過去勤務費用を加減した)額5,000を超えていた。

考え方

投資その他の資産に,前払年金費用として1,000(=6,000-5,000)を計上します。

● 森永製菓の財務諸表を見てみよう!

森永製菓の貸借対照表は,次のようになっていました。

資産の部	前事業年度 (平成29年3月31日) 金　額	当事業年度 (平成30年3月31日) 金　額
投資その他の資産		
投資有価証券	26,941	28,132
関係会社株式	15,045	8,272
長期前払費用	153	108
前払年金費用	1,545	1,772
投資その他の資産合計	44,456	39,062

前事業年度から当事業年度への変化を観察すると,投資その他の資産合計が約5,400減少しています。この最大の原因が「関係会社株式」の売却であると理解できます。何らかの原因により子会社株式または関連会社株式の売却を進めているようです。

なお,投資有価証券の中には,満期保有目的の債券とその他有価証券が含まれることに注意が必要です。満期保有目的の債券は,原価基準または償却原価法で評価されますが,その他有価証券は時価で評価されるため,「投資有価証券」の2,000の増額が追加投資によるものなのか,時価上昇によるものなのかは,ここでは即断できません。

39 繰延税金資産

学習目標
❶ 税効果会計の意味について理解する。
❷ 繰延税金資産の意味について理解する。

● 税効果会計とは

　企業の法人税，住民税及び事業税（**41**も参照ください）は，課税所得に一定の税率を乗じて課される税金です。

　会計上の税引前当期純利益と税務上の課税所得とは，似ているところはありますが異なります。これは，税法では，課税の公平性の観点などから，企業会計と異なる考え方が採用されているためです。税引前当期純利益と課税所得はそれぞれ次のように計算されます。

> 税引前当期純利益 ＝ 収益 － 費用 （会計上の利益）
> 課税所得 ＝ 益金 － 損金 （税務上の所得）

　損益計算書上の「法人税等」は課税所得に税率を乗じて計算します。上記式のように収益から費用を差し引いた会計上の税引前当期純利益と，益金から損金を差し引いた課税所得は異なるため，単に税引前当期純利益に税率をかけたのみでは法人税等の額にはなりません。すなわち，税引前当期純利益に対して，法人税，住民税及び事業税が対応しないということです。この対応関係を修正する手続きが**税効果会計**になります。

● 一時差異

　税効果会計では，資産および負債について，会計上の帳簿価額と税法上の金額が異なるかどうかを調べ，将来の期間においてその差異が解消されるかどうかを判断します。将来の期間において解消される会計上の帳簿価額と税法上の

金額の差異は**一時差異**とよばれます。

将来の期間において解消することにより課税所得が減算される一時差異を将来減算一時差異といい，逆に将来の期間において解消することにより課税所得に加算される一時差異を将来加算一時差異といいます。

● 繰延税金資産とは

将来減算一時差異に税率を乗じることによって，差異の解消に伴って生じる法人税等の減額を意味する**繰延税金資産**が算定されます。

逆に将来加算一時差異に税率を乗じることによって，差異の解消に伴って生じる法人税等の増額を意味する**繰延税金負債**が算定されます。

このように，税効果会計では基本的には繰延税金資産，繰延税金負債，法人税等調整額を用いて会計処理していきます。

● 税効果会計の適用

たとえば，不良債権処理として計上した貸倒引当金繰入額のうち，税法の限度額を超える部分は損金となりません。すなわち，当期の課税所得を増加させますが，次期以降に実際に貸倒れが発生したときに貸倒損失として損金算入され，課税所得を減算させます。これを将来減算一時差異といいます。これは，当期に前払いした税金が将来の納税時に減額されるとも解釈できます。そこで，当期に費用計上した法人税等から減額調整（法人税等調整額のマイナス）するとともに，繰延税金資産として資産認識します。

(例) 初年度末において，貸倒引当金に300の将来減算一時差異があった。続いて2年度末において，貸倒引当金に250の将来減算一時差異があった。両年度ともに税率は30％である。

考え方

初年度末の繰延税金資産90（＝300×30％），法人税等調整額△90（減額調整）

2年度末の繰延税金資産75（＝250×30％，減額15），法人税等調整額15（＝90－75，増額調整）

コラム③

話が通じやすい会計

　私たちは，全く，あるいは時々，議論が噛み合わないことを経験します。その原因として，議論の前提や共有している知識が異なっている場合があります。

　会計情報は，金額情報にタグ（項目名）がついているようなものなので，どちらかというと定量的な情報であり，定性的な情報と比較すると主観が入りづらく，客観的であるため，多くの人が納得しやすいものです。

　会計情報を駆使して，説得力のある議論を展開してください。会計はコミュニケーションツールとしても魅力あるしくみです。

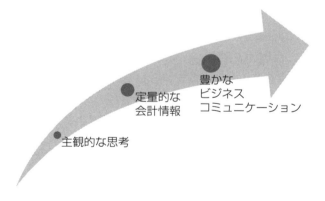

第4章

貸借対照表
（負債と純資産）

　貸借対照表の負債と純資産は，企業の経営活動に必要な資金がどのように調達されているかという側面を示します。

　負債とは，企業が債権者などに対して現金などの経済的資源を引き渡す義務をいいます。一方で，純資産は，第3章で示した資産と，本章で示す負債との差額で生じますが，このうち株主に帰属する部分を株主資本として区分します。

　会社は誰のものか，という問いに答えるのは容易ではありませんが，会社は株主のものである，というのも1つの答えでしょう。このように現在の会計において，さまざまな議論を呼び起こしているのが純資産の概念です。

　会計制度の影響も色濃く受けており，項目名には専門用語も多いですが，実際の財務諸表で確認しながら学習を進めてください。

　貸借対照表（負債と純資産）の基本をマスターすることで，できるビジネスパーソンへの道が開けます。

第4章　貸借対照表（負債と純資産）

40　買掛金と未払金

■学習目標■
❶　貸借対照表の負債の意味について理解する。
❷　買掛金・未払金の意味について理解する。

● 負債の意味と分類

　負債は，過去の取引または事象の結果として，報告主体が支配している経済的資源を放棄もしくは引き渡す義務をいいます。負債には，買掛金や借入金に加えて，企業が正しい期間損益計算を行うために計上される未払費用や前受収益も含まれます。また，負債は企業が債権者から調達した資金の源泉を示すものです。

　負債は資産と同じように，営業循環基準と1年基準により，流動負債と固定負債に分類されます。

● 仕入債務の種類

　債務とは，特定の人に対して金銭を支払ったり物を引き渡したりすべき法律上の義務をいいます。

　受取手形や売掛金を売上債権と称するのに対して，支払手形や買掛金を仕入債務といいます。仕入債務とは，企業の主たる営業活動である仕入先との取引によって発生した債務であり，本業で扱う財・サービスを取得したときの未決済代金を示します。仕入債務は，営業循環基準により，貸借対照表では負債の部に流動負債として計上されます。

● 支払手形

　支払手形とは，仕入先との通常の営業取引によって生じた商品，原材料など

の仕入代金を後日支払うために生じる手形債務です。

　なお，固定資産の購入によって生じた手形債務は，営業外支払手形として示され，資金を借りるために生じた手形債務は手形借入金として，いずれも貸借対照表上では支払手形としては表示されません。

● 買掛金

　買掛金とは，掛け（後日代金決済を行うことを約束する信用取引）による商品・原材料などの仕入取引に伴って発生する営業上の債務です。すなわち，仕入代金の未払額になります。

　支払手形と買掛金は，営業取引によって生じた未払額である点では同じです。

● 未払金

　未払金とはすでに財・サービスの提供を受けているけれども，その代価を支払っていないものです。たとえば，備品を購入し納品してもらったけれども，その支払いが終わっていないときに未払金としてその未払額を記録します。未払金とは，本来の営業取引以外の取引によって生じた一時的な債務です。

● 森永製菓の財務諸表を見てみよう！

　森永製菓の貸借対照表は，次のようになっていました。

負債の部	前事業年度 （平成29年3月31日） 金　額	当事業年度 （平成30年3月31日） 金　額
流動負債		
支払手形	4,213	5,061
買掛金	11,709	13,053
⋮		
未払金	9,333	9,357

第4章　貸借対照表（負債と純資産）

41　未払法人税等と未払消費税等

■学習目標■
❶　法人税の算出過程，未払法人税等の意味について理解する。
❷　消費税の算出過程，未払消費税等の意味について理解する。

● 未払法人税等

　企業は，その所得に応じて，法人税，住民税及び事業税を支払います。これら3つの税金をまとめて**法人税等**とよんでいます。会計によって利益が計算され，税法に基づく各種調整が行われ（課税対象）所得が計算されます。その所得に対して，一定の税率が乗じられ法人税等の金額が決定されます。

　会計は，企業が行った事柄を忠実に表現しなければなりませんが，税は（公平な課税であることを前提として）国の政策を実現する手段としても利用されます。そのため，利益計算で費用とされる額と，所得計算で損金とされる額に違いが生じることがあります。このような違いを調整することにより所得が計算され，法人税等の金額が確定します。

　未払法人税等は，法人税，住民税及び事業税の当期負担額から，中間申告による納付額を差し引いた未納付額です。

● 未払消費税等

消費税は，商品の販売やサービスの提供に課せられる税金で，販売したときに受け取った消費税額と仕入れたときに支払った消費税の差額を納付します。

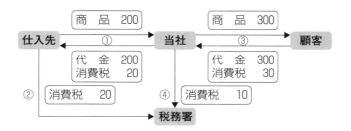

たとえば，仕入先から200で商品を仕入れた（①）とき，当社は仕入先に対して代金だけでなく消費税20もあわせて支払います。また，当社がこの商品を300で販売したとき，当社は顧客から代金を受け取り，消費税30を預かります（③）。当社はこの預かった消費税を税務署に支払うのですが，すでに20は仕入時に支払っているので，差額の10だけを納付することとなります（④）。決算時に企業が納付すべき額を示すのが未払消費税等です。なお，このようなしくみで，税務署には最終消費者の消費額に対応する税金30（＝20＋10）が納付されることになります。

● 森永製菓の財務諸表を見てみよう！

森永製菓の貸借対照表は，次のようになっていました。

	前事業年度 （平成29年3月31日）	当事業年度 （平成30年3月31日）
負債の部	金　額	金　額
流動負債		
未払法人税等	3,284	1,860
未払消費税等	391	596

42 未払費用と預り金

■学習目標
❶ 未払費用の意味について理解する。
❷ 未払費用の計算方法について理解する。
❸ 預り金の意味について理解する。

● 未払費用

(1) 未払費用とは

未払費用とは，サービスの提供を継続して受けているけれども，その対価を支払っていないもので，貸借対照表の流動負債に属する表示科目です。

当期にサービスの提供を継続して受けているけれども，未だ支払っていない場合には，これを当期の費用に計上するとともに，未払費用として支払義務を計上します。この手続きを**費用の見越し**といいます。

なお，会計処理（仕訳）上の勘定科目が，たとえば未払保険料や未払家賃であったとしても，貸借対照表の表示科目としては，それらをまとめて未払費用として表示します。

(2) 計算例

1/1～12/31を一会計期間としている企業で，当期の8/1に建物を賃借し，次期の7/31に1年分の家賃1,200を支払うことになった。

考え方

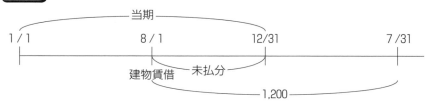

この企業は1/1～12/31までの活動に投入された費用を計算しなければなり

ません。当期にはまだ支払っていませんが，8/1に建物を賃借し，すでに建物賃借の提供を継続して受けて，活動しています。ですから，実際の家賃の支払いが次期の7/31だったとしても，当期の8/1〜12/31に企業活動に投入された部分を計算して，それを当期の費用とする必要があります。このとき，8/1〜12/31分（1,200×5ヵ月/12ヵ月＝500）はまだ未払いであり，それを未払費用とします。

(3) 利益への影響

未払費用の計上は当期の費用額を増額するため，その分当期の利益が減少します。費用の見越計上は，適正な期間損益計算のための手続きともいえます。

● 預り金

企業が他人から預かっているお金を表す科目が「預り金」です。たとえば，企業は従業員へ給料を支払う際に，従業員が納付すべき所得税を従業員から預かり，全従業員分をまとめて税務署に納付します。

● 森永製菓の財務諸表を見てみよう！

森永製菓の貸借対照表は，次のようになっていました。

	前事業年度 （平成29年3月31日）	当事業年度 （平成30年3月31日）
負債の部	金　額	金　額
流動負債		
未払費用	3,914	3,881
預り金	716	9,822
従業員預り金	261	252

当事業年度で，預り金が大幅に増えています。前事業年度との比較で大きく数値が異なる場合には，注意が必要です。

43 賞与引当金と退職給付引当金

■学習目標
❶ 引当金について理解する。
❷ 賞与引当金について理解する。
❸ 退職給付引当金について理解する。

● 引当金の意味

引当金とは，期間損益計算を適正に行うために，以下の条件を満たす場合に計上されるものです。

①	将来の特定の費用または損失であること。
②	費用または損失の発生原因が当期以前に生じていること。
③	費用または損失の発生可能性が高いこと。
④	費用または損失の金額を合理的に見積ることができること。

引当金には，資産に対する評価勘定としての性質をもつ**評価性引当金**と負債の性質をもつ**負債性引当金**があります。

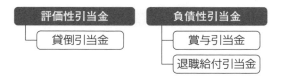

● 賞与引当金とは

賞与引当金とは，将来支払われる賞与の当期負担分を示し，その見込額を見積った引当金です。

たとえば，1/1～12/31を一会計期間としている企業が，7/1～翌6/30の勤務に対する賞与12,000を翌6/30に支払うとします。

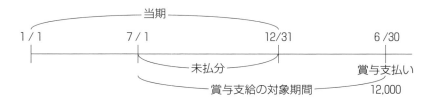

翌6/30に支払われる賞与は当期7/1～翌6/30の従業員の勤務に対するものです。そのうち、当期7/1～12/31の勤務に対する部分6,000（12,000×6ヵ月/12ヵ月）は、本来であれば当期のうちに支払うべき分なのですが、契約上、賞与として翌6/30に支払うことになっているにすぎません。そこで、当期の損益計算を適切に行うためには、当期7/1～12/31分の6,000を当期の費用として計上するとともに（賞与引当金繰入）、将来の支払いに備えて負債として明示します（賞与引当金）。

● 退職給付引当金とは

退職以後に従業員に支給される退職一時金や退職年金などを**退職給付**といいます。したがって、企業では従業員を雇用している段階から、将来支払われる退職給付にかかる負債が生じています。この退職給付にかかる負債を**退職給付引当金**といいます。

● 森永製菓の財務諸表を見てみよう！

森永製菓の貸借対照表は、次のようになっていました。

	前事業年度 （平成29年3月31日）	当事業年度 （平成30年3月31日）
負債の部	金　額	金　額
流動負債		
賞与引当金	1,802	1,768
固定負債		
退職給付引当金	6,554	6,716

44 社債と長期借入金

学習目標
❶ 長期借入金について理解する。
❷ 社債について理解する。

● 長期借入金

　企業が活動を行っていくためにはさまざまな局面で資金を必要とします。最もポピュラーな資金調達方法が銀行などからの借入れです。日本では，企業が特定の銀行と取引関係を持っていることが一般的であり（メインバンク制），多くの企業が銀行から資金を借り入れています。決算日の翌日から1年を超えて返済期限が到来する借入金を**長期借入金**といい，固定負債に計上されます。

　長期借入金は，一般的に分割して返済されますが，1年以内に返済される分は，原則として**短期借入金**として流動負債に計上されます。

● 社　債

　株式会社は，長期借入金の他に，長期の資金調達として社債を発行して，一般から広く資金を借り入れることがあります。

(1) 発　行

　社債を発行したときには，払込金額で記録されます。一般に，払込金額は「額面100につき97（@97）」というように，割引発行されます。この社債は長期の資金借入れに相当しますので，固定負債に計上されます。

(2) 社債利息の支払い

　社債に対しては，一定期日に定められた利息を支払います。これを社債利息（費用）といいます。

(3) 社債の評価

社債を額面金額より低い価額または高い価額で発行した場合には，その差額が利息の調整であると認められる場合には，決算日に**償却原価法**で評価されます。

たとえば，社債の払込金額が額面金額よりも少ない場合には，その差額は償還期に至るまで，毎期一定額を社債利息として計上するとともに，社債の帳簿価額に加算します。

(4) 社債の償還

社債の償還には，満期償還，抽選償還，買入償還という方法があります。

● 森永製菓の財務諸表を見てみよう！

森永製菓の貸借対照表は，次のようになっていました。

	前事業年度 （平成29年3月31日）	当事業年度 （平成30年3月31日）
負債の部	金　額	金　額
流動負債		
短期借入金	15,000	700
1年以内償還予定の社債	10,000	—
固定負債		
長期借入金	700	10,000

前事業年度で700だった長期借入金が，当事業年度で短期借入金として700で記載されています。また，当事業年度で長期借入金が10,000と記載されています。

また，前事業年度で1年以内償還予定の社債が10,000で当事業年度には記載がありませんし，固定負債に社債は見当たりません。

さらに，損益計算書には，社債利息（営業外費用）は，前事業年度で44，当事業年度で30計上されています。

45 リース債務

■学習目標　❶ リース債務について理解する。

● リース取引とファイナンス・リース

　リース取引とは，企業がリース会社から備品などを賃借する取引です。企業はさまざまな設備等を利用して事業を行っていますが，すべての設備等を購入して利用しているわけではなく，事務用のコピー機などを賃借して利用するケースが多々あります。リース取引は2つに分類されます。

　① **ファイナンス・リース**：ノンキャンセラブル，フルペイアウトを満たすリース。
　② **オペレーティング・リース**：ファイナンス・リース以外のリース。

　ファイナンス・リースでは，通常の有形固定資産の売買取引と同様の会計処理を行います。借手は，リース物件を資産（リース資産）として，また，将来支払うべきリース料を評価し負債（リース債務）として貸借対照表に計上します。

● ファイナンス・リースとリース債務

　ファイナンス・リースで計上されたリース資産は，減価償却の手続きを経て費用化されて，帳簿価額は減少していきます。一方で，リース債務はリース料の支払いに応じて減額されていきます。

　たとえば，当初10,000で計上されたリース債務について，各年の支払リース料が2,500で，初年度に含まれる利息部分が500であれば，リース債務の減少分は2,000となり，リース債務の評価額（貸借対照表価額）は8,000となります。

　原則として，元金返済分（リース債務の減少分）と利息部分（支払利息）は区分されますが，その計算は利息法により行われます。

45 リース債務

● **森永製菓の財務諸表を見てみよう！**

森永製菓の貸借対照表は，次のようになっていました。

	前事業年度 （平成29年3月31日）	当事業年度 （平成30年3月31日）
資産の部	金　額	金　額
固定資産		
リース資産	553	616

	前事業年度 （平成29年3月31日）	当事業年度 （平成30年3月31日）
負債の部	金　額	金　額
流動負債		
リース債務	354	445

　ファイナンス・リースにより計上されるリース資産とリース債務は，当初計上時には同額ですが，リース資産は減価償却という手続きにより帳簿価額が減額されていき，一方では支払利息部分が利息法で計算されて，支払リース料から控除された額だけリース債務が減少していくという違いがあります。

　これは，減額のパターンが異なるということに起因しているわけですが，リース期間が満了すると，リース資産・リース債務いずれも0になります。

　森永製菓では，リース資産，リース債務がともに増えており，新たなリース取引を行ったことがうかがえます。

46 繰延税金負債

■学習目標
❶ 繰延税金負債について理解する。
❷ 繰延税金負債の表示について理解する。

● 繰延税金負債

　繰延税金負債は税効果会計（会計上の税負担と実際の税負担のズレを調整するための手法）から生じる項目です。

　39でも触れたように会計上の利益と税務上の所得は異なります。会計上の税引前当期純利益と税務上の課税所得とは似ているところはありますが，異なります。これは，税法では，課税の公平性の観点などから，企業会計と異なる考え方が採用されているためです。

　税効果会計では，資産および負債について，会計上の帳簿価額と税務上の金額が異なるかどうかを調べ，将来の期間においてその差異が解消されるかどうかを判断します。

　将来の期間において解消することにより課税所得に加算される一時差異を将来加算一時差異といいます。将来加算一時差異に税率を乗じることによって，差異の解消に伴って生じる法人税の増額を意味する繰延税金負債が算定されます。

　したがって，課税所得計算上の期間的調整を行うために，一時差異が発生した当期において，差異の額に税率を乗じて算定した将来の税金の増加分を，当期の税金費用（法人税等調整額）として計上するとともに，繰延税金負債として負債に計上します。

　なお，当期純利益の計算に含めないその他有価証券評価差額金も将来加算一時差異ですが，貸借対照表の純資産に計上したその他有価証券評価差額金に関する税効果額は，評価差額の総額から控除して繰延税金負債として計上します。

● 繰延税金負債の表示

　繰延税金資産と繰延税金負債は，貸借対照表の流動項目（流動資産，流動負債）と固定項目（投資その他の資産，固定負債）に区分表示されます。繰延税金資産と繰延税金負債の両方があった場合には，流動区分と固定区分のそれぞれの範囲内で，それらは相殺して表示されます。

● 森永製菓の財務諸表を見てみよう！

　森永製菓の貸借対照表は，次のようになっていました。

	前事業年度 （平成29年3月31日） 金　額	当事業年度 （平成30年3月31日） 金　額
資産の部		
流動資産		
繰延税金資産	1,920	1,857

	前事業年度 （平成29年3月31日） 金　額	当事業年度 （平成30年3月31日） 金　額
負債の部		
固定負債		
繰延税金負債	6,233	7,921

　流動・固定ともに，繰延税金資産と繰延税金負債が相殺されて表示されているものと思われます。

47 純資産の意味と分類

学習目標
❶ 純資産の部について理解する。
❷ 純資産の分類について理解する。

● 貸借対照表の純資産の部

　貸借対照表の資産と負債の差額は**純資産**とよばれ，純資産の部に表示されます。

● 純資産の分類

　純資産は，株主資本とそれ以外の項目に大きく分けられます。株主資本は，純資産のうち株主に帰属する部分をいい，それ以外の項目は，評価・換算差額等と新株予約権に区分されます。
　株主資本は，株主が払い込んだ部分（資本金や資本剰余金）と，それを運用して得た成果である利益からなる部分（利益剰余金）に大きく分けられます。

47 純資産の意味と分類

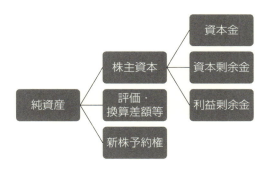

● 森永製菓の財務諸表を見てみよう！

森永製菓の貸借対照表は、次のようになっていました。

	前事業年度 （平成29年3月31日）	当事業年度 （平成30年3月31日）
純資産の部	金　額	金　額
株主資本		
資本金	18,612	18,612
資本剰余金	17,186	17,187
利益剰余金	37,009	40,791
自己株式	△2,634	△2,782
株主資本合計	70,174	73,808
評価・換算差額等	14,504	15,342
新株予約権	—	—
純資産合計	84,679	89,151

森永製菓では、新株予約権の計上はありません。

48 資本金

学習目標
❶ 資本金について理解する。
❷ 払込資本について理解する。
❸ 増資と減資について理解する。

● 株主資本と資本金

純資産の部の最初の区分となる**株主資本**は，株主から提供された企業の資金や，企業活動の成果である利益の内部留保など，純資産の中でも企業の所有者である株主に帰属する部分を表しています。

この株主資本のうち，株主からの払込みという形で提供される部分は払込資本とよばれ，**資本金**と**資本剰余金**に分けられます。また，この払込資本のうち，どのぐらいが資本金となるかについては，会社法の規定に基づき株主総会や取締役会でその金額が決定されます。

● 株式会社の設立と払込資本

株式会社の設立は，発起人が定款を作成し，それに基づいて株式を発行し，株主になる人から資金の払込みを受けて行われます。

会社法の規定では，払い込まれた資金の全額を資本金とするのが原則となります。ただし，払込金額の2分の1を超えない額は，資本金として計上しないことができるとされています。この資本金としない部分は，**資本準備金**（資本剰余金の1項目）として計上されます。

● 資本金の増加

資本金が増加する取引は増資とよばれ，財産の増加を伴うものと財産の増加

を伴わないものがあります。財産の増加を伴う資本金の増加には，たとえば新株発行による株主からの資金の払込みや，土地などの現物の給付があります。一方，財産の増加を伴わないものには，後述する資本剰余金や利益剰余金などからの資本金への振替えがあります。

＜計算例＞

新株発行に際して，払い込まれた金額が3,000であった場合，どのような範囲で資本金の額が決定されるか。

考え方

原則として全額の3,000が資本金となりますが，払込金額の2分の1を超えなければ資本金にしなくてもよいという規定によって，資本金の額は1,500から3,000の間で決定されることになります。

● 資本金の減少

資本金が減少する取引は減資とよばれ，財産の減少を伴うものと，財産の減少を伴わないものがあります。財産の減少を伴うものは，事業規模の縮小を目的として行われ，株主の保有する株式を買い入れることによって資本金を減少させます。一方，財産の減少を伴わないものは，損失の填補を目的として行われ，損失（繰越利益剰余金（**49**参照）の借方残高＝繰越損失に相当）と資本金が相殺されます。

＜計算例＞

当社は，事業の不振により9,000の累積損失（繰越利益剰余金の借方残高＝繰越損失）を抱えている。そこで，法定の手続きを経て，資本金10,000を減少させ，累積損失を解消した。

考え方

減少させる資本金10,000に対して，填補される損失は9,000です。差額の1,000については，資本金減少差益として，資本準備金に振り替えられますが，会社法ではその他資本剰余金とすることも容認しています。

49 資本剰余金と利益剰余金

■学習目標
❶ 資本剰余金と利益剰余金の違いについて理解する。
❷ 資本剰余金と利益剰余金を構成する項目について理解する。

● 資本剰余金と利益剰余金の違い

　資本剰余金と利益剰余金は，同じ株主資本の項目でありながら，その性格が大きく異なります。資本剰余金は資本金と同じく株主からの**払込資本**です。一方，利益剰余金は，会社の過去の利益のうち，会社内部に留保されたものであり，**留保利益**とよばれます。

● 資本剰余金の区分

　資本剰余金は，分配不能である**資本準備金**と，分配可能な**その他資本剰余金**に分けられます。

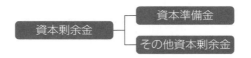

　資本準備金は，払込資本のうち，資本金に組み入れられなかった部分です。払込金額のうち会社法の規定により資本金として計上しなかった額は，資本準備金として計上しなければならないとされています。
　その他資本剰余金は，払込資本のうち資本金や資本準備金の取崩し，後述する自己株式の処分によって生じるものです。

利益剰余金の区分

利益剰余金も，資本剰余金と同様に，分配不能である利益準備金と，分配可能なその他利益剰余金に分けられます。利益準備金は，会社法の規定によって積立てが強制される積立金です。利益準備金以外の利益剰余金は，その他利益剰余金とよばれます。その他利益剰余金は，さらに任意積立金と繰越利益剰余金に分けられます。任意積立金は，会社法の強制によらず定款や株主総会の決議に基づき積み立てるものです。このうち特定の目的をもった積立金には，たとえば特別償却準備金のようにそれぞれの名目を付します。一方，目的や使途が定まっていない積立金は別途積立金として計上されます。任意積立金以外のその他利益剰余金が繰越利益剰余金です。

剰余金の配当

資本剰余金や利益剰余金から配当を行う場合には，資本準備金と利益準備金の合計額が資本金の4分の1に達するまで，配当により減少する剰余金の額に10分の1を乗じた額を資本準備金または利益準備金として計上しなければならないとされています。さらに，債権者保護の観点から，剰余金の配当などで処分できる限度額（分配可能額）を定め，純資産の無制限な流出が制限されています。

森永製菓の財務諸表を見てみよう！

森永製菓の貸借対照表には利益準備金が計上されていません。

資本準備金と利益準備金の合計が資本金の4分の1に達するまで，配当時などに利益準備金の積立てが強制されるのですが，資本準備金の金額だけで資本金の4分の1を超えているため，配当時に利益準備金を計上する必要がなかったと考えられます。

50 自己株式

学習目標
❶ 自己株式の取得とその取扱いについて理解する。
❷ 自己株式の処分時の会計処理について理解する。
❸ 自己株式の消却時の会計処理について理解する。

● 自己株式の取得

　自己株式とは，株主から買い入れて保有している発行済みの自社の株式のことをいいます。取得された自己株式を会計上どのように取り扱うかについては，資産とする考え方（資産説）と資本から控除されるとする考え方（資本控除説）があります。資産説では，取得した自己株式は，他の会社の株式同様，換金することが可能な財産であるという点が重視され，資産として捉えられます。一方，資本控除説では，自己株式の取得が株主に対する会社財産の払戻しと同様の性格を有するという点を重視し，株主資本の控除項目として捉えられます。

　現行制度上，後者の資本控除説が採られ，取得した自己株式は取得原価をもって純資産の部の株主資本から控除し，期末に保有する自己株式は，純資産の部の株主資本の末尾に自己株式として一括して控除する形式で表示されます。

● 自己株式の処分

　取得した自己株式は処分（売却）することができます。具体的には，第三者への売却，新株予約権の権利行使者への交付，合併や株式交換における対価などに利用することができます。

　処分時に生じる帳簿価額と処分価額の差額については，自己株式の処分を株主との資本取引と捉え，純資産の部の項目を直接増減する会計処理が行われます。差額が**自己株式処分差益**の場合には，株主からの払込資本であると考えら

れるため，資本剰余金（その他資本剰余金）に計上されます。一方，差額が自己株式処分差損の場合には，株主資本からの払戻しであると考えられるため，その他資本剰余金から控除されます。なお，その他資本剰余金で足りない場合には，その他利益剰余金（繰越利益剰余金）で補填され，資本準備金および利益準備金からの控除は，会社法の制約上認められていません。

● 自己株式の消却

保有する自己株式を失効させ消滅させることを**自己株式の消却**といいます。自己株式の消却は，過剰な発行済株式総数の適正化やそれに伴う株式価値の向上などの目的で行われます。

会計処理については，前述の自己株式の処分と同様の考え方が採用されています。消却対象となった自己株式の帳簿価額は，その他資本剰余金から控除され，その他資本剰余金で足りない場合には，その他利益剰余金（繰越利益剰余金）で補填されることになります。

● 自己株式に関する付随費用

自己株式の取得，処分，償却に際して生じる取引手数料などの付随費用については，財務費用と考え損益取引とする方法と，自己株式本体の取引と一体と考え資本取引とする方法があります。日本においては，前者の考え方に基づき自己株式に関する付随費用は損益計算書の営業外費用に計上されます。一方で，国際財務報告基準（IFRS）では後者の考え方が採用され，費用計上は認められていません。

● 森永製菓の財務諸表を見てみよう！

森永製菓の貸借対照表は，次のようになっていました。

株主資本合計＝18,612（資本金）＋17,187（資本剰余金合計）＋40,791（利益剰余金合計）－2,782（自己株式：株主資本の控除項目）＝73,808と計算されています。

第4章 貸借対照表（負債と純資産）

51 トレーニング⑨

問題1　次のア～ソにあてはまる語句を答えなさい。

(1) 純資産の部の区分

　純資産の部は，大きく（ ア ），（ イ ），（ ウ ）に区分される。（ ア ）は，企業の所有者である株主に帰属する部分を表し，（ エ ），（ オ ），（ カ ），（ キ ）に区分される。また，（ ア ）のうち株主からの払込みという形で提供される部分を（ ク ），会社の過去の利益のうち会社内部に留保されたものを（ ケ ）とよぶ。

(2) 資本剰余金と利益剰余金の区分

　資本剰余金は（ コ ），（ サ ）に区分され，利益剰余金は（ シ ），（ ス ）に区分される。さらに，分配可能な（ ス ）は，会社法の強制によらず定款や株主総会の決議に基づき積み立てる（ セ ）とそれ以外の（ ソ ）に区分される。

ア	イ	ウ
エ	オ	カ
キ	ク	ケ
コ	サ	シ
ス	セ	ソ

問題2　以下の各問の金額を求めなさい。

(1) 次の取引によって増加する資本金の額を答えなさい。

　普通株式5,000株を新株発行し，1株当たり30,000の払込みを受けた。なお，会社法で規定する最低額を資本金とした。

(2) 次の取引において積み立てなければならない資本準備金と利益準備金の額を答えなさい。

　株主総会において総額250,000の配当が決議され，その他資本剰余金50,000，繰越利益剰余金200,000を財源とすることにした。なお，配当直前の純資産の勘定残高は以下のとおりである。

資　本　金　1,000,000　　資本準備金　　　150,000　　その他資本剰余金　60,000
利益準備金　　80,000　　繰越利益剰余金　300,000

(1)	(2)	
資　本　金	資本準備金	利益準備金

解答・解説

問題1

ア　株主資本	イ　評価・換算差額等	ウ　新株予約権
エ　資本金	オ　資本剰余金	カ　利益剰余金
キ　自己株式	ク　払込資本	ケ　留保利益
コ　資本準備金	サ　その他資本剰余金	シ　利益準備金
ス　その他利益剰余金	セ　任意積立金	ソ　繰越利益剰余金

問題2

(1)	(2)	
資　本　金	資本準備金	利益準備金
75,000,000	4,000	16,000

(1) 会社法の定める最低資本金額は払込金額150,000,000の2分の1となります。

(2) 2つの準備金の合計が資本金の4分の1である250,000になるまで積み立てる必要があります。その他資本剰余金からは資本準備金、繰越利益剰余金（その他利益準備金）からは利益準備金が積み立てられます。すでに資本準備金と利益準備金を合わせて230,000（150,000＋80,000）が積み立てられており、本問では、要積立額20,000（250,000－230,000）につき配当額の比1：4でそれぞれ積み立てられることになります。

$$資本準備金積立額\quad 4,000 = 20,000 \times \frac{50,000}{250,000}$$

$$利益準備金積立額\quad 16,000 = 20,000 \times \frac{200,000}{250,000}$$

52 評価・換算差額等と新株予約権

■学習目標
❶ 評価・換算差額等の意義と会計処理について理解する。
❷ 新株予約権の意義と会計処理について理解する。

● 評価・換算差額等

(1) 評価・換算差額等とは

　評価・換算差額等（連結では、「その他の包括利益累計額」）とは、その他有価証券評価差額金のように、期末における時価評価により生じる評価差額などで、貸借対照表の純資産の部に直接計上される項目をいいます。

　評価・換算差額等には、その他有価証券評価差額金の他に、繰延ヘッジ損益、土地再評価差額金があります。なお、連結貸借対照表では退職給付に係る調整額と為替換算調整勘定も表示されます。

　繰延ヘッジ損益は、ヘッジ会計適用時に、リスクを回避するための手段（ヘッジ手段）であるデリバティブ（金融派生商品）の時価評価差額をヘッジ対象に係る損益が確定するまで繰り延べることにより生じます。なお、土地再評価差額金は時限立法（平成10年3月31日から4年間）である「土地の再評価に関する法律」によって認められた土地の時価評価によって生じた評価差額です。

(2) 評価・換算差額等の会計処理

　評価差額は未実現の利益であるため、原則として貸借対照表の純資産の部に直接計上（純資産直入）し、実現時に利益へ振り替えられることになります。

● 新株予約権

(1) 新株予約権とは

　新株予約権とは、権利を持つ者（新株予約権者）が権利を行使することによっ

て，あらかじめ決められた価格でその会社の株式の交付を受けることができる権利です。会計主体である発行会社の側から見れば，株式を交付する義務を表します。

(2) **新株予約権の会計処理**

純資産である新株予約権の計上は，発行者側の会計処理となります。新株予約権は，権利行使時の株価があらかじめ決められた行使価格より高い場合に行使されます。このとき，権利者は株主となり，発行者は新株予約権の金額を払込資本に組み入れます。一方，権利行使されなかった場合には払込資本とはならず，その金額が利益に振り替えられます。このように，権利付与時における新株予約権は，払込資本および利益のどちらにもなりうる曖昧な性格を有し，株主に帰属するものでもないため，株主資本とは独立した項目として表示されます。

(3) **計算例**

新株予約権100個を，1個につき払込価額20,000で発行した。

考え方

新株予約権発行時には，新株予約権の払込金額が純資産として計上されます（100個×20,000＝2,000,000）。

● 森永製菓の財務諸表を見てみよう！

森永製菓の貸借対照表は，次のようになっていました。

純資産の部	前事業年度 (平成29年3月31日) 金　額	当事業年度 (平成30年3月31日) 金　額
評価・換算差額等		
その他有価証券評価差額金	14,504	15,347
繰延ヘッジ損益	―	△4
評価・換算差額等合計	14,504	15,342

森永製菓では，土地再評価差額金や新株予約権の計上はありません。

53 トレーニング⑩

問題1 次のア～キにあてはまる語句を答えなさい。

(1) 評価・換算差額等

評価・換算差額等の項目には，（ ア ），繰延ヘッジ損益の他に，土地再評価差額金がある。なお，連結貸借対照表には退職給付に係る調整額と為替換算調整勘定も表示される。（ ア ）は，（ イ ）を時価評価したときに生じる，時価と帳簿価額の差額である。これらの評価差額は，原則として貸借対照表の純資産の部に（ ウ ）され，実現時に（ エ ）へと振り替えられる。

(2) 新株予約権

新株予約権が行使されたとき，権利者は（ オ ）となり，発行者側に振り込まれていた新株予約権の金額は（ カ ）に組み入れられる。一方，権利行使されなかった場合には（ カ ）とはならず，その金額が（ キ ）に振り替えられる。

ア	イ	ウ
エ	オ	カ
キ		

問題2 以下の各問に答えなさい。

(1) 次の取引における，その他有価証券評価差額金の金額を求めなさい。

決算にあたり，期末時点で保有しているその他有価証券は次のとおりである。期末評価にあたっては，評価差額のすべてを純資産の部に直接計上する方法を採用する。なお，税効果については考慮しない。

　　　　A社株式　　帳簿価額　1,500,000　　期末時価　1,680,000
　　　　B社株式　　帳簿価額　　800,000　　期末時価　　720,000

(2) 次の取引によって新株予約権の権利行使時に計上される純資産項目は何か。また，その金額を求めなさい。

新株予約権150個を，1個につき払込価額1,000で発行していたが，このうち，125個の権利が行使され，1個につき20,000が払い込まれた。この際，保有する自己株式（帳簿価額2,400,000）を移転（交付）した。

(1)	(2)	
その他有価証券評価差額金	純資産項目名	金　額

 解答・解説

問題 1

ア　その他有価証券評価差額金	イ　その他有価証券	ウ　直接計上
エ　利益	オ　株主	カ　払込資本
キ　利益		

問題 2

(1)	(2)	
その他有価証券評価差額金	純資産項目名	金　額
100,000	その他資本剰余金	225,000

(1) 原則として，A社株式とB社株式の評価差額の合計（180,000＋△80,000＝100,000）が，純資産の部に直接計上されます。
(2) 行使された125個分の新株予約権と，権利行使による払込金額の合計2,625,000が自己株式移転の対価となります。対価と自己株式の帳簿価額の差額は自己株式処分差益であり，その他資本剰余金に計上されます。

コラム④

儲けのカラクリが理解できる会計

　会計を学ぶことで，儲けのカラクリが理解できます。どこで収益を獲得し，どこで費用を使っているかを把握することで，ビジネスモデルを理解し，改善し，新しく構築する際の儲けのしくみを押さえることができます。

　会計を理解しているのでビジネスが成功する，という因果関係はありませんが，会計の理解とビジネス的な成功の相関は一般に高いと考えられています。

　是非，会計学をマスターし，一歩高いステージで活躍してください。

第 5 章

損益計算書

　損益計算書は，企業の一定期間における経営成績を表した報告書です。この損益計算書には，経営活動によって，一会計期間にどのような収益をいくら獲得したかという成果が示されます。また，その収益を獲得するためにどのような費用が費やされたのかを，区分を設けて対応表示しています。
　損益計算書を理解することで，企業の損益構造を理解することができます。また，区分損益計算を行っていることから，売上総利益（粗利），営業利益，経常利益，税引前当期純利益や当期純利益というさまざまな利益概念を理解することで，豊かな会計情報を得ることができます。
　項目名には専門用語も多いですが，実際の財務諸表で確認しながら学習を進めてください。
　損益計算書の基本をマスターすることで，できるビジネスパーソンへの道が開けます。

54 2つの期間損益計算方法と損益計算書

学習目標
❶ 期間損益を計算する財産法と損益法について理解する。
❷ 損益計算書の役割について理解する。

● 損益計算の方法

　企業会計では，企業の経営成績を明らかにするために，人為的に期間を区切って損益の計算を行います。この期間を**会計期間**といい，この期間で行う損益の計算を**期間損益計算**といいます。

　期間損益計算の方法には，財産法と損益法があります。

　財産法における当期純利益は，以下の計算式で求めます。

　財産法では，当期純損益の額はわかりますが，その発生原因がわからないので，経営成績を明らかにすることができません。

　損益法における当期純利益は，以下の計算式で求めます。

　損益法では，収益と費用をその発生に基づいて記録・計算するので，当期純利益の発生原因を把握し，経営成績を明らかにすることができます。

　企業会計では，財産法と損益法で計算された利益は一致します。

損益計算書の役割

損益計算書（Profit and Loss Statement：P/LまたはIncome Statement：I/S）は、当期純利益（または当期純損失）の増加原因である収益と、減少要因である費用から構成された一覧表で、企業の一会計期間における経営成績を明らかにする報告書です。

たとえば、森永製菓の損益計算書からは、4月1日から翌年の3月31日までの1年間の経営成績を示していることがわかります。

森永製菓の財務諸表を見てみよう！

森永製菓の損益計算書は、次のようになっていました。

	前事業年度 （自　平成28年4月1日 至　平成29年3月31日）	当事業年度 （自　平成29年4月1日 至　平成30年3月31日）
売上高	173,069	180,917
売上原価	84,216	87,635
売上総利益	88,853	93,282
販売費及び一般管理費	72,974	75,094
営業利益	15,878	18,187
営業外収益	772	768
営業外費用	208	192
経常利益	16,442	18,762
特別利益	86	391
特別損失	1,753	7,454
税引前当期純利益	14,775	11,700
法人税，住民税及び事業税	5,098	4,191
法人税等調整額	△1,705	1,385
法人税等合計	3,392	5,576
当期純利益	11,382	6,123

第5章 損益計算書

55 損益計算書の区分

学習目標
❶ 損益計算書の表示区分について理解する。
❷ 損益計算書の各表示区分における計算方法について理解する。

● 損益計算書の区分

　損益計算書は，企業が一会計期間に獲得した利益の金額だけではなく，その利益がどのようにして得られたかを明らかにすることにより，経営成績と投資の成果を明確に表すことができます。収益と費用の金額は，企業の経済活動と関連づけて区分表示します。

　（報告式）損益計算書では，区分ごとに収益から費用を控除して段階的に利益を表示しながら，最終的に当期純利益を計算表示する構造になっています。損益計算書に記載する収益と費用を，その発生源泉にしたがって分類し，それらを対応表示して計算を行うことにより，経営成績をわかりやすく表示することが区分表示の目的です。

　収益は，売上高，営業外収益，特別利益に分類されます。費用は，売上原価，販売費及び一般管理費，営業外費用，特別損失，法人税等（法人税，住民税及び事業税）に分類され，それぞれを対応表示して区分を示します。

　計算構造は次のようになります。

(1) 営業損益計算の区分

> 売上高 − 売上原価 ＝ 売上総利益（または売上総損失）
> 売上総利益 − 販売費及び一般管理費 ＝ 営業利益（または営業損失）

(2) 経常損益計算の区分

> 営業利益 ＋ 営業外収益 － 営業外費用 ＝ 経常利益（または経常損失）

(3) 純損益計算の区分

> 経常利益 ＋ 特別利益 － 特別損失 ＝ 税引前当期純利益
> 税引前当期純利益 － 法人税等合計 ＝ 当期純利益（または当期純損失）

● 森永製菓の財務諸表を見てみよう！

森永製菓の損益計算書の区分は，次のようになっていました。

	当事業年度 （自　平成29年4月1日 至　平成30年3月31日）	区分
売上高	180,917	営業損益計算
売上原価	87,635	
売上総利益	93,282	
販売費及び一般管理費	75,094	
営業利益	18,187	
営業外収益	768	経常損益計算
営業外費用	192	
経常利益	18,762	
特別利益	391	純損益計算
特別損失	7,454	
税引前当期純利益	11,700	
法人税，住民税及び事業税	4,191	
法人税等調整額	1,385	
法人税等合計	5,576	
当期純利益	6,123	

第 5 章 損益計算書

56　営業損益計算の区分

学習目標
❶ 営業損益計算の区分について理解する。
❷ 売上高，売上原価，販売費及び一般管理費について理解する。

● 営業損益計算の区分

営業損益計算の区分では，売上高，売上原価，販売費及び一般管理費という企業の主たる営業活動に関連する項目が表示され，**売上総利益**と**営業利益**が算定されます。

売上高	180,917	
売上原価	87,635	
売上総利益	93,282	営業損益計算
販売費及び一般管理費	75,094	
営業利益	18,187	

● 売上高

企業の主たる営業活動である販売活動から生じる収益を売上高といいます。具体的には，商品や製品の販売額になります。また，建設業における工事収益も売上高になります。

商品などの売上高は，実現主義により認識されます。実現主義は具体的には販売基準という形で適用されます。

● 売上原価

企業の主たる営業活動から生じる費用に売上原価があります。
売上原価は，商品売買業の場合，当期に販売された商品の原価です。

● 売上総利益

　費用収益対応の原則により，売上高と売上原価との対応が行われ，差額として売上総利益（または売上総損失）が計算されます。

　売上高から売上原価を差し引いた金額である売上総利益は，粗利益（略して粗利）ともいわれます。売上総利益は，企業の経営成績を判断する上での重要な利益の1つです。

● 販売費及び一般管理費

　販売費及び一般管理費は，商品や製品などの販売に関する費用や企業の一般管理業務にかかわる費用です。

　販売費及び一般管理費に含まれる費用には，以下のようなものがあります。

> ・給料　・発送費　・広告料　・貸倒引当金繰入　・のれん償却
> ・租税公課　・研究開発費　・販売促進費　・賞与引当金繰入
> ・退職給付費用　・減価償却費　・雑費等

● 営業利益

　売上総利益から販売費及び一般管理費を差し引いて営業利益（または営業損失）が計算されます。

　営業利益は，営業活動から生じた本業による利益を示すので，企業の経営成績を判断する上での重要な利益です。

第 5 章 損益計算書

57 経常損益計算の区分

学習目標 ❶ 経常損益計算の区分について理解する。

● 営業外収益

営業外収益とは，企業の主たる営業活動以外の活動から生じる収益です。主たる営業活動以外の活動とは，主に，資金の運用や調達といった財務活動を指します。たとえば，営業外収益には，資金の運用に関わって生じる収益などが含まれます。

営業外収益には，以下のようなものがあります。

- 受取利息　・有価証券利息　・受取配当金
- 有価証券売却益　・有価証券評価益　・社債償還益
- 保証債務取崩益　・雑益等

● 営業外費用

営業外費用とは，企業の主たる営業活動以外の活動から生じる費用です。主に，資金の調達に関わって生じる費用などが含まれます。

営業外費用には，以下のようなものがあります。

- 支払利息　・社債利息　・手形売却損
- 有価証券売却損　・有価証券評価損
- 社債償還損　・保証債務費用　・雑損等

● 経常利益

経常利益（または経常損失）とは，通常の経営活動によって，経常的・反復的に生じた利益（または損失）をいいます。

経常利益は，営業利益（または営業損失）に営業外収益を加え，営業外費用を控除して計算されます。

経常利益は，毎期の経常的な活動から生じた利益を示すので，企業の当期の業績を判断する上での重要な利益です。

● 森永製菓の財務諸表を見てみよう！

森永製菓の損益計算書は，次のようになっていました。

	前事業年度 （自　平成28年4月1日 　至　平成29年3月31日）	当事業年度 （自　平成29年4月1日 　至　平成30年3月31日）
営業利益	15,878	18,187
営業外収益		
受取利息及び配当金	393	474
その他	379	294
営業外収益合計	772	768
営業外費用		
支払利息	56	62
社債利息	44	30
その他	107	99
営業外費用合計	208	192
経常利益	16,442	18,762

第5章 損益計算書

58 純損益計算の区分

学習目標 ❶ 純損益計算の区分について理解する。

● 特別利益

特別利益とは，企業の通常の経営活動とは直接的な関係がなく，当期において，臨時的・偶発的に生じた利益をいいます。

特別利益には，以下のようなものがあります。

> ・固定資産売却益　・投資有価証券売却益等

● 特別損失

特別損失とは，企業の通常の経営活動とは直接的な関係がなく，当期において，臨時的・偶発的に生じた損失をいいます。

特別損失には，以下のようなものがあります。

> ・固定資産売却損　・固定資産除却損　・投資有価証券売却損
> ・子会社株式評価損　・災害損失　・火災損失等

● 税引前当期純利益

税引前当期純利益は，経常利益（または経常損失）に特別利益を加え，特別損失を控除して計算されます。

経常利益 ＋ 特別利益 － 特別損失 ＝ 税引前当期純利益

● 当期純利益

当期純利益は，税引前当期純利益に，法人税，住民税及び事業税を控除して計算されます。

還付法人税額や追徴法人税額があれば法人税等調整額として加減します。

● 森永製菓の財務諸表を見てみよう！

森永製菓の損益計算書は，次のようになっていました。

	前事業年度 （自　平成28年4月1日 　至　平成29年3月31日）	当事業年度 （自　平成29年4月1日 　至　平成30年3月31日）
経常利益	16,442	18,762
特別利益		
固定資産売却益	86	305
関係会社株式売却益	―	86
特別利益合計	86	391
特別損失		
固定資産除売却損	332	326
減損損失	1,414	1
関係会社株式評価損	―	7,092
その他	6	33
特別損失合計	1,753	7,454
税引前当期純利益	14,775	11,700
法人税，住民税及び事業税	5,098	4,191
法人税等調整額	1,705	1,385
法人税等合計	3,392	5,576
当期純利益	11,382	6,123

59 トレーニング⑪

❓ **問題1** 次の①～⑤に最も適切な用語を入れ，ア～オの金額を計算しなさい。

<u>損益計算書</u>
×5年4月1日～×6年3月31日

売上高	90,000
売上原価	60,000
①	ア
販売費及び一般管理費	21,000
②	イ
営業外収益	2,000
営業外費用	3,500
③	ウ
特別利益	500
特別損失	2,000
④	エ
法人税，住民税及び事業税	2,500
法人税等調整額	500
法人税等合計	3,000
⑤	オ

❓ **問題2** 次の各文の（ ）の中に入る最も適当な用語を答えなさい。

(1) 企業の主たる営業活動から生じる費用には売上原価と（ ① ）とがある。

(2) 企業の主たる営業活動以外の活動から生じる収益を（ ② ）という。

(3) 買掛金を所定の期日前に支払った場合に受ける割引を（ ③ ）といい，（ ② ）として処理される。

(4) 売掛金を所定の期日前に受け取った場合に行う割引を（ ④ ）といい，（ ⑤ ）として処理される

(5) 企業の通常の経営活動とは直接的な関係はなく，当期に臨時的・偶発的に発生した利益を（ ⑥ ）といい，損失を（ ⑦ ）という。

①	
②	
③	
④	
⑤	
⑥	
⑦	

 解答・解説

問題 1

①	売上総利益	ア	30,000
②	営業利益	イ	9,000
③	経常利益	ウ	7,500
④	税引前当期純利益	エ	6,000
⑤	当期純利益	オ	3,000

問題 2

①	販売費及び一般管理費
②	営業外収益
③	仕入割引
④	売上割引
⑤	営業外費用
⑥	特別利益
⑦	特別損失

コラム⑤

会計は問題発見の達人

　会計学を学び，特に財務諸表をしっかりと理解することができると，財務諸表分析を駆使することができます。自社のどこに強みがあり，どこに弱みがあるのか，また，同業他社と比較することもできます。

　現在は，課題を自ら発見し，その課題に自主的に取り組んでいける人材が求められている時代であるといわれています。会計は，まさに課題発見の優れたツールといえます。

第 **6** 章

財務諸表を活用する

　企業は，企業を取り巻くさまざまな利害関係者（ステークホルダー）に対して多くの責任を有しており，その責任を会計情報の開示を通して果たしています。このように会計情報を開示していくことをディスクロージャーといいます。
　一方で，ステークホルダーの側では，ディスクロージャー情報をもとにして，さまざまな分析が行われます。特に，公表された財務諸表を基礎にして行う分析を財務諸表分析といいます。
　本章では，ディスクロージャーの必要性を理解した上で，さまざまな財務諸表分析を理解していきます。
　財務諸表分析の基本をマスターすることで，できるビジネスパーソンへの道が開けます。

第6章 財務諸表を活用する

60　財務諸表の入手方法

学習目標
❶ ディスクロージャー制度について理解する。
❷ 財務諸表の入手方法等について理解する。

● ディスクロージャー制度

今日の経済社会においては企業の役割と，企業が社会に及ぼす影響が極めて重大であるため，多くの利害関係者（**ステークホルダー**）が，一定の質的水準を満たした会計情報を入手し，適切な意思決定が行えるよう，法律等により企業情報の公開が制度化されています。これを**ディスクロージャー制度**といいます。ディスクロージャー制度を知り，これを活用することが重要です。

● 財務諸表の入手方法

(1)　金融商品取引法

金融商品取引法は，証券市場における円滑な取引環境の保全などを目的としており，証券市場における投資家を保護する観点からディスクロージャーが制度化されています。その概要をまとめると以下のとおりです。

	1億円以上の有価証券の募集・売り出しを行う企業	・左記の企業 ・上場有価証券の発行企業 ・店頭売買有価証券の発行企業 ・資本金5億円以上で株主数1,000人以上の企業	
開示事項	有価証券届出書	有価証券報告書	四半期報告書（半期報告書）
開示時期	有価証券の発行時	事業年度経過後3ヵ月以内	各四半期経過後45日以内 （半期経過後3ヵ月以内）
開示方法	・関東財務局および提出会社本店所在地の管轄財務局で公衆縦覧。 ・当該企業の本店および主要な支店等で公衆縦覧。 ・EDINET（金融商品取引法に基づく有価証券報告書等の開示書類に関する電子開示システム/Electronic Disclosure for Investors' NETwork）での公開。		

上記の「有価証券届出書」,「有価証券報告書」,「四半期報告書」には,さまざまな企業情報が記載されており,その一部として財務諸表が含まれます。金融商品取引法によるディスクロージャーにおいては,開示される企業情報が充実しており,公開の頻度が多く(タイムリーディスクロージャー),また容易に情報を入手できる点に特徴があります。たとえばEDINET(エディネット)(http://disclosure.edinet-fsa.go.jp/)は,インターネット上で誰もが利用することができ,本書でもこれまで度々見た森永製菓株式会社の財務諸表もこれにより入手できます。

　なお,金融商品取引法によるディスクロージャーを補完するものとして,証券取引所が独自に整備しているディスクロージャー制度(東京証券取引所のＴＤｎｅｔ(ティーディーネット)(適時開示情報閲覧システム)など)があります。法によるディスクロージャーに比べて迅速な情報公開が行われる点に特徴があります。

(2) 会社法

　会社法は,株主や債権者といった,現に企業と関係を結んでいる利害関係者を保護することなどを目的とする法律で,これらの利害関係者を保護する観点からディスクロージャーが制度化されています。概要は以下のとおりです。

		大会社(資本金5億円以上または負債総額200億円以上の会社)	中小会社(左記以外の会社)
株主・債権者	開示事項	計算書類,事業報告書,附属明細書	
	開示時期	事業年度終了後3ヵ月以内に開催される定時株主総会の1～2週間前	
	開示方法	本店・支店での閲覧,官報・日刊新聞・ホームページでの公開(決算公告)。なお,株主に対しては株主総会の招集通知とともに送付。	
その他の利害関係者	開示事項	損益計算書,貸借対照表	貸借対照表
	開示時期	事業年度終了後3ヵ月以内に開催される定時株主総会後	
	開示方法	官報,日刊新聞,ホームページでの公開(決算公告)	

　会社法によるディスクロージャーは,すべての会社が対象となる点に特徴があります。その一方で,主たる開示先として株主・債権者が想定されており,その他の利害関係者は限られた情報しか入手できず,特に中小会社については決算公告により貸借対照表しか入手できないといった難点があります。

第6章 財務諸表を活用する

61 財務諸表分析の方法

学習目標
❶ 財務諸表分析の必要性について理解する。
❷ 財務諸表分析の分類と方法について理解する。

● 財務諸表分析の必要性

　財務諸表には，企業の財政状態や経営成績が表示されます。これを概観するだけでは企業の現状やこれまでの業績を深く知り，将来へ向けた的確な意思決定をすることはできません。そのため，財務諸表に示された数値を分析に適した形式に加工し，何らかの比較を通じて分析対象となっている企業の強みや弱みを把握する必要があります。この一連の方法を**財務諸表分析**といいます。一般に企業を分析する際には，数量的に表しにくい情報から企業を分析する**定性分析**と，数量的に表現される情報から企業を分析する**定量分析**がありますが，財務諸表分析は，財務諸表に表現された数値に基づいて分析するという点で，定量分析の典型ということができます。

● 財務諸表分析の分類と方法

(1) 内部分析と外部分析

　財務諸表分析は，企業内部に位置する経営者や管理者が経営管理活動に役立てるために行う内部分析と，企業外部に位置する株主・債権者や投資家が自身の経済的意思決定に役立てるために行う外部分析に区分されます。本書では主に外部分析を行う場合の方法を学習します。

(2) クロスセクション分析とタイムシリーズ分析

　財務諸表分析では，分析対象企業の一事業年度の財務諸表を分析しても，通常，その企業の強みや弱みは明確にならず，何らかの比較が必要になります。

61　財務諸表分析の方法

たとえば，森永製菓を分析する際に，同じく大手製菓会社の江崎グリコと比較したり，食品製造業の平均値と比較したりすることで，同社の相対的な強みや弱みを分析することができます。このように，ある企業と他の企業の比較を通じて分析を行うことを**クロスセクション分析**（企業間比較分析）といいます。また，森永製菓が前年と比較してどの程度強みを伸ばし，弱みを克服したかを分析するといった，ある企業の複数の会計期間の比較を通じて分析を行うことを**タイムシリーズ分析**（時系列分析・趨勢分析）といいます。本書ではケースに応じてこの2つの分析方法を学習します。

(3) 実数分析と比率分析

財務諸表分析では，財務諸表上の数値を分析に適した形に加工した指標を利用して分析を行いますが，用いられる指標の種類により実数分析と比率分析に大別されます。

実数分析では，財務諸表上の数値など貨幣額で表示される数値を株式数や従業員数など別の単位の数値で除して計算した指標を用いて分析を行います。実数による指標は金額で表されるため，専門的知識がなくとも一見して意味を理解しやすいという特徴があります。実数分析の例として，1株当たり当期純利益（EPS：Earnings Per Share）を示すと，次のようになります。

$$1株当たり当期純利益 = \frac{当期純利益}{発行済株式総数}$$

一方，**比率分析**では，財務諸表上の数値など貨幣額で表示される数値同士を除して，比率の形式に加工した指標を用いて分析を行います。比率による指標は百分率（％）や倍率，回転数などで表され，ある程度の知識がないと意味を読み取りにくいですが，さまざまな目的に柔軟に対応できるという特徴があります。比率分析の例として，株価収益率（PER：Price Earnings Ratio）を示すと，次のようになります。

$$株価収益率 = \frac{1株当たり株式時価}{1株当たり当期純利益（EPS）}$$

本書では次項以降で主に比率分析をとり上げます。

62 収益性の分析

学習目標
1. 売上高利益率について,その意味と計算方法について理解する。
2. 資本利益率について,その意味と計算方法について理解する。

● 企業の収益性

利益を獲得する能力である企業の収益性は,利害関係者にとって最大の関心事といえます。ここでは売上高利益率と資本利益率をとり上げます。

● 売上高利益率

利益を獲得するためには,その前提として収益を獲得する必要があります。売上高利益率は,すべての利益の基礎となる売上高に対し,そこから得られた利益の割合を示す指標で,分子にさまざまな利益を用いることで,企業活動の収益性を多面的に示します。

$$売上高利益率 = \frac{利益}{売上高} \times 100\ (\%)$$

代表的な売上高利益率は,以下のとおりです。
① **売上高総利益率**:売上総利益を分子として計算され,企業の商品,製品,サービス等の収益性を示します。
② **売上高営業利益率**:営業利益を分子として計算され,営業活動による収益性を示します。
③ **売上高事業利益率**:事業利益(営業利益＋受取利息・受取配当金)を分子として計算され,営業活動と投資活動による収益性を示します。
④ **売上高経常利益率**:経常利益を分子として計算され,営業活動のほか,財務・投資活動を含む経常的な企業活動による収益性を示します。

⑤ **売上高当期純利益率**：当期純利益を分子として計算され，企業活動全体による最終的な収益性を示します。

● 資本利益率

資本利益率とは，企業活動に投下した資金（資本）に対し，そこから稼得された利益の割合のことで，端的には企業活動の元手に対する収益性を示します。

$$資本利益率 = \frac{利益}{資本} \times 100\,(\%)$$

計算式の分子が利益という一期間に稼得されたフローであるのに対し，分母は一時点の資本有高というストックとして定義されるため，両者を揃える意味で，分母の資本は期首有高と期末有高の平均値を用いることがあります。

資本利益率の計算で最もよく利用されるのは次の2つです。

① **総資本事業利益率**（ROA：rate of return on asset）：事業利益を分子として，また総資本（貸借対照表の総資産額）を分母として計算され，企業が投下した全資金に対する収益性，つまり企業全体の観点からの収益性を示します。総資本事業利益率は以下のように2つの要素に分解することができます。

$$総資本事業利益率 = \underbrace{\frac{事業利益}{売上高}}_{(売上高事業利益率)} \times \underbrace{\frac{売上高}{総資本}}_{(総資本回転率)} \times 100\,(\%)$$

※　総資本回転率については64参照。

② **自己資本当期純利益率**（ROE：rate of return on equity）：当期純利益を分子として，また自己資本（貸借対照表の純資産額）を分母として計算され，株主の拠出した資金に対する収益性を示します。自己資本当期純利益率は以下のように3つの要素に分解することができます。

$$自己資本当期純利益率 = \underbrace{\frac{当期純利益}{売上高}}_{(売上高当期純利益率)} \times \underbrace{\frac{売上高}{総資本}}_{(総資本回転率)} \times \underbrace{\frac{総資本}{自己資本}}_{(財務レバレッジ)} \times 100\,(\%)$$

※　財務レバレッジとは，自己資本の何倍の大きさの総資本を事業に投下しているかを示す指標です。

63 トレーニング⑫

❓ **問題1** 資料に基づき，宮城製菓株式会社の×5年の収益性分析に関する各設問に答えなさい。なお，各設問の解答は小数点以下第3位を四捨五入して計算すること。

<資料> 宮城製菓株式会社の×5年の会計データ（抄） （単位：百万円）

売上高	265,000	当期純利益	15,000
売上総利益	125,000	受取利息・配当金	2,500
営業利益	16,000	総資本	280,000
経常利益	22,000	純資産（自己資本）	176,000

(1) 以下の売上高利益率を計算しなさい。
　　①売上高総利益率　②売上高営業利益率　③売上高事業利益率
　　④売上高経常利益率　⑤売上高当期純利益率
(2) 総資本事業利益率を計算し，2つの要素に分解しなさい。
(3) 自己資本当期純利益率を計算し，3つの要素に分解しなさい。

❓ **問題2** 森永製菓の損益計算書および貸借対照表に基づき，各設問に答えなさい。なお，(1)および(2)の解答は小数点以下第3位を四捨五入して計算すること。

(1) 以下の売上高利益率を計算しなさい。
　　①売上高総利益率　②売上高営業利益率　③売上高事業利益率
(2) 以下の資本利益率を計算しなさい。
　　①総資本事業利益率　②自己資本当期純利益率
(3) 問題1で計算した宮城製菓株式会社の各指標と比較し，両社の収益性について講評しなさい。

解答・解説

問題1

(1) 売上高総利益率 $= \dfrac{125,000}{265,000} \times 100 = 47.169 \fallingdotseq 47.17\%$

売上高営業利益率 $= \dfrac{16,000}{265,000} \times 100 = 6.037 \fallingdotseq 6.04\%$

売上高事業利益率 $= \dfrac{18,500}{265,000} \times 100 = 6.981 \fallingdotseq 6.98\%$

※ 事業利益18,500＝営業利益16,000＋受取利息・配当金2,500

売上高経常利益率 $= \dfrac{22,000}{265,000} \times 100 = 8.301 \fallingdotseq 8.30\%$

売上高当期純利益率 $= \dfrac{15,000}{265,000} \times 100 = 5.660 \fallingdotseq 5.66\%$

(2) 総資本事業利益率 $= \dfrac{18,500}{280,000} \times 100 = 6.607 \fallingdotseq 6.61\%$

総資本事業利益率 $= \underbrace{\dfrac{18,500}{265,000}}_{\text{(売上高事業利益率)}} \times \underbrace{\dfrac{265,000}{280,000}}_{\text{(総資本回転率)}} \times 100$　　よって

売上高事業利益率 $= \dfrac{18,500}{265,000} \times 100 = 6.981 \fallingdotseq 6.98\%$

総資本回転率 $= \dfrac{265,000}{280,000} = 0.946 \fallingdotseq 0.95$回

(3) 自己資本当期純利益率 $= \dfrac{15,000}{176,000} \times 100 = 8.522 \fallingdotseq 8.52\%$

自己資本当期純利益率 $= \underbrace{\dfrac{15,000}{265,000}}_{\text{(売上高当期純利益率)}} \times \underbrace{\dfrac{265,000}{280,000}}_{\text{(総資本回転率)}} \times \underbrace{\dfrac{280,000}{176,000}}_{\text{(財務レバレッジ)}} \times 100$　　よって

売上高当期純利益率 $= \dfrac{15,000}{265,000} \times 100 = 5.660 \fallingdotseq 5.66\%$

総資本回転率 $= \dfrac{265,000}{280,000} = 0.946 \fallingdotseq 0.95$回

財務レバレッジ $= \dfrac{280,000}{176,000} = 1.590 \fallingdotseq 1.59$

問題2

森永製菓の損益計算書と貸借対照表の会計年度によって解答は異なります。

(1)(2)(3)　省略

64 効率性の分析

学習目標
1. 総資本回転率について理解する。
2. さまざまな回転率について、その意味と計算方法について理解する。
3. 回転率と回転期間の関係について理解する。

● 効率性と回転率

企業活動において、限られた資源でより多くの売上を得られれば、効率的な活動が行われているといえるでしょう。この効率性を測る指標として用いられるのが**回転率**です。最も基本的な回転率は、企業活動に用いられたすべての資金（総資本・総資産）が一会計期間に何回利用されたかを分析する**総資本回転率**です。分母の総資本は、一般に貸借対照表の総資産額が用いられます。

$$総資本回転率 = \frac{売上高}{総資本}（回）$$

前項では2つの資本利益率がいくつかの要素に分解できることを学習しましたが、いずれにも総資本回転率が含まれていました。このことからも明らかなように、一般に効率性の向上は収益性の増大につながります。なお、回転率の計算においても、分子がフローであるのに対し、分母はストックとして定義されるため、両者を揃える意味で、分母のストックは期首有高と期末有高の平均値を用いることがあります。

● さまざまな回転率

回転率の考え方を用いることで、総資本だけでなく、それを構成する資産や負債の効率性を分析することができます。代表的なものは以下のとおりです。

① **手元流動性回転率**：手元流動性（現金預金＋流動資産の有価証券）を分母

として計算され，現金や短期的に現金化する資産がどの程度効率的に利用されたかを示します。
② **売上債権回転率**：売上債権（受取手形＋売掛金(うりかけきん)）を分母として計算され，売上債権がどの程度効率的に回収されているかを示します。なお，手形の割引や裏書(うらがき)が行われている場合には，この金額を売上債権に含める場合があります。
③ **棚卸資産回転率**：棚卸資産を分母として計算され，棚卸資産がどの程度効率的に販売されたかを示します。なお，棚卸資産は費用配分の結果，売上原価を構成するため，分子として売上原価を用いる場合があります。
④ **有形固定資産回転率**：有形固定資産を分母として計算され，有形固定資産がどの程度効率的に利用されたかを示します。
⑤ **支払債務回転率**：仕入債務（支払手形＋買掛金）を分母として計算され，仕入債務がどの程度効率的に支払われているかを示します。なお，③の棚卸資産回転率と同様に分子として売上原価を用いる場合があります。

● 回転率と回転期間

効率性の分析では，回転期間を用いることがあります。回転期間は，1日当たりの売上や売上原価を分母とし，分析対象となる各資産・負債項目を分子として計算しますが，回転率の逆数に365（1年の日数）を乗ずることで計算することもできます。たとえば，売上債権回転期間は以下のように計算されます。

$$売上債権回転期間 = \frac{売上債権}{\frac{売上高}{365}} （日） = \frac{売上債権}{売上高} \times 365 = \frac{1}{売上債権回転率} \times 365$$

代表的な回転期間には以下の3つがあります。
① **売上債権回転期間**：売上債権を売上何日分で回収しているかを示します。
② **棚卸資産回転期間**：一般に分母として売上原価を用い，何日分の在庫を保有しているかを示します。
③ **仕入債務回転期間**：一般に分母として売上原価を用い，仕入債務を何日後に支払っているかを示します。

65 トレーニング⑬

問題1 資料に基づき，宮城製菓株式会社の×5年の効率性分析に関する各設問に答えなさい。なお，各設問の解答は小数点以下第3位を四捨五入して計算すること。

<資料> 宮城製菓株式会社の×5年の会計データ（抄） （単位：百万円）

売上高	265,000	売上債権	27,000
売上原価	140,000	棚卸資産	20,000
総資本	280,000	有形固定資産	67,000
現金預金	77,000	支払債務	25,000
有価証券	2,600		

(1) 以下の回転率を計算しなさい。
　　①総資本回転率　②手元流動性回転率　③売上債権回転率
　　④棚卸資産回転率　⑤有形固定資産回転率　⑥支払債務回転率

(2) 以下の回転期間を計算しなさい。なお，②③については，売上原価を用いて算定すること。
　　①売上債権回転期間　②棚卸資産回転期間　③支払債務回転期間

問題2 森永製菓の損益計算書および貸借対照表に基づき，各設問に答えなさい。

(1) 以下の回転率を計算しなさい。
　　①総資本回転率　②手元流動性回転率　③売上債権回転率
　　④棚卸資産回転率　⑤有形固定資産回転率　⑥支払債務回転率

(2) 以下の回転期間を計算しなさい。
　　①売上債権回転期間　②棚卸資産回転期間　③支払債務回転期間

(3) 問題1で計算した宮城製菓株式会社の各指標と比較し，両社の効率性について講評しなさい。

解答・解説

問題1

(1) ①総資本回転率 $= \dfrac{265,000}{280,000} = 0.946 \fallingdotseq 0.95$ 回

②手元流動性回転率 $= \dfrac{265,000}{79,600} = 3.329 \fallingdotseq 3.32$ 回

※ 手元流動性79,600＝現金預金77,000＋有価証券2,600

③売上債権回転率 $= \dfrac{265,000}{27,000} = 9.814 \fallingdotseq 9.81$ 回

④棚卸資産回転率 $= \dfrac{265,000}{20,000} = 13.25$ 回

⑤有形固定資産回転率 $= \dfrac{265,000}{67,000} = 3.955 \fallingdotseq 3.96$ 回

⑥支払債務回転率 $= \dfrac{265,000}{25,000} = 10.6$ 回

(2) ①売上債権回転期間 $= \dfrac{27,000}{265,000} \times 365 = 37.188 \fallingdotseq 37.19$ 日

②棚卸資産回転期間 $= \dfrac{20,000}{140,000} \times 365 = 52.142 \fallingdotseq 52.14$ 日

③支払債務回転期間 $= \dfrac{25,000}{140,000} \times 365 = 65.178 \fallingdotseq 65.18$ 日

問題2

森永製菓の損益計算書と貸借対照表の会計年度によって解答は異なります。

(1)(2)(3) 省略

66 安全性の分析

学習目標
❶ 安全性と債務返済能力について理解する。
❷ 短期的な安全性と長期的な安全性の分析方法について理解する。

安全性と債務返済能力

いかに収益性や効率性が高くても、安定的に企業活動が行われなければ意味がありません。そのため、企業が安全に存続できるということは、収益性や効率性の前提と考えることができます。企業の安全性をみるうえで最も重要な視点は、債務の返済能力を見ることです。これは、債務の返済が滞ると社会的信用を失うばかりか、最悪の場合には倒産といった企業の存続に関わる事態に陥るためです。以下では、企業の安全性を測るいくつかの指標を示します。

短期的な安全性の分析

企業の短期的な安全性の分析指標には、流動比率と当座比率があります。**流動比率**は短期的に支払いを要する流動負債に対する流動資産の割合です。

$$流動比率 = \frac{流動資産}{流動負債} \times 100 \,(\%)$$

流動比率が100%以上であれば、流動資産を処分して流動負債の返済に充てられ、一応安全であるといえます。しかし、流動資産の中には棚卸資産など、換金するために相応の努力や時間を要するものもあります。そこで、より厳密に返済能力を測る指標として、換金性の高い資産である当座資産(現金預金、売上債権、有価証券)を分子とした**当座比率**が用いられます。なお、両比率ともに高ければ短期的な債務返済能力は高いといえる一方、利益を生み出さない資産を多く抱えることとなり、資金の効率性が下がる傾向となります。

●˙ 長期的な安全性の分析

　企業の長期的な安全性の分析指標には，固定資産の調達を行うための資金の源泉に着目したものと資本構成に着目したものがあります。前者の分析指標には**固定比率**と**固定長期適合率**があり，それぞれ以下のように計算します。

$$固定比率 = \frac{固定資産}{純資産} \times 100\,(\%)$$

$$固定長期適合率 = \frac{固定資産}{純資産＋固定負債} \times 100\,(\%)$$

　固定資産は長期にわたり利用される資産であるため，これを賄う資金の源泉は自己資本（純資産）や長期にわたり返済不要の固定負債が適していることになります。したがって，両比率ともに低い方がより安全といえます。なお，固定資産と同様に繰延資産も長期にわたり流動化しないため，両比率の計算に際して，分子に繰延資産を加える場合があります。

　資本構成に着目した分析指標には，**負債比率**と**自己資本比率**があり，それぞれ以下のように計算します。

$$負債比率 = \frac{負債合計（他人資本）}{純資産（自己資本）} \times 100\,(\%)$$

$$自己資本比率 = \frac{純資産}{負債合計＋純資産} \times 100\,(\%)$$

　負債（他人資本）は返済が必要となりますが，純資産（自己資本）は返済の必要がありません。このため，企業活動に必要となる資金のうち，自己資本の割合が高ければ，それだけ安定的な資金調達が行われていることになります。したがって，負債比率は低いほど，また自己資本比率は高いほどより安全であるといえます。なお，自己資本比率は**62**で学習した自己資本当期純利益率の要素である財務レバレッジの逆数です。したがって，自己資本比率が高いと財務レバレッジは低くなりますから，収益性を損なう恐れがあります。このように，安全性と収益性，あるいは安全性と効率性は一般にトレードオフの関係にあるといえます。

67 トレーニング⑭

問題1 資料に基づき，宮城製菓株式会社の×5年の安全性分析に関する各設問に答えなさい。なお，各設問の解答は小数点以下第3位を四捨五入して計算すること。

<資料> 宮城製菓株式会社の×5年の会計データ（抄）

流動資産	135,000	固定負債	43,000
当座資産	106,000	純資産（自己資本）	176,000
固定資産	145,000	事業利益	18,500
流動負債	61,000	支払利息	20

(1) 流動比率および当座比率を計算しなさい。

(2) 以下の各指標を計算しなさい。
　①固定比率　②固定長期適合率　③負債比率　④自己資本比率

(3) 企業の利子支払能力を示すインタレスト・カバレッジ・レシオを計算しなさい。なお，インタレスト・カバレッジ・レシオは以下の式で算定する。

$$\text{インタレスト・カバレッジ・レシオ} = \frac{\text{事業利益（営業利益＋受取利息・受取配当金）}}{\text{支払利息＋手形売却損＋社債利息}} \text{（倍）}$$

問題2 森永製菓株式会社の損益計算書および貸借対照表に基づき，各設問に答えなさい。なお，(1)および(2)の解答は小数点以下第3位を四捨五入して計算すること。

(1) 流動比率および当座比率を計算しなさい。

(2) 以下の各指標を計算しなさい。
　①固定比率　②固定長期適合率　③負債比率　④自己資本比率

(3) インタレスト・カバレッジ・レシオを計算しなさい。

(4) 問題1で計算した宮城製菓株式会社の各指標と比較し，両社の安全性について講評しなさい。

解答・解説

問題1

(1) 流動比率 $=\dfrac{135,000}{61,000}\times 100 = 221.311 ≒ 221.31\%$

当座比率 $=\dfrac{106,000}{61,000}\times 100 = 173.770 ≒ 173.77\%$

(2) ① 固定比率 $=\dfrac{145,000}{176,000}\times 100 = 82.386 ≒ 82.39\%$

② 固定長期適合率 $=\dfrac{145,000}{176,000+43,000}\times 100 = 66.210 ≒ 66.21\%$

③ 負債比率 $=\dfrac{61,000+43,000}{176,000}\times 100 = 59.090 ≒ 59.09\%$

④ 自己資本比率 $=\dfrac{176,000}{61,000+43,000+176,000}\times 100 = 62.857 ≒ 62.86\%$

(3) インタレスト・カバレッジ・レシオ $=\dfrac{18,500}{20}=925$ 倍

インタレスト・カバレッジ・レシオは，金融費用（支払利息）に対して何倍の事業利益を稼いでいるかで，金融費用の支払能力を評価します。インタレスト・カバレッジ・レシオは，高い方がより安定的に利息等を支払えるといえます。

問題2

森永製菓の損益計算書と貸借対照表の会計年度によって解答は異なります。

(1)～(4) 省略

第6章 財務諸表を活用する

68 成長性の分析

■学習目標
❶ 成長性と成長率について理解する。
❷ 損益計算書項目と貸借対照表項目の成長性について理解する。

● 成長性と成長率

　財務諸表に示される情報を過去の一定期間にわたって観察することで，成長性を把握することができます。成長性を測る最も基本的な指標として用いられるのが成長率あるいは伸び率（対前年度成長率・伸び率）です。**成長率**は，前年度の数値に対する分析対象年度の数値の増加分の割合を計算するもので，これにより前年度に対する分析対象年度の成長性が把握できます。

$$\text{成長率} = \frac{\text{分析対象年度の数値} - \text{前年度の数値}}{\text{前年度の数値}} \times 100\,(\%)$$

　中・長期の分析については，成長率に代えて対基準年度比率を用いることがあります。

$$\text{対基準年度比率} = \frac{\text{分析対象年度の数値}}{\text{基準年度の数値}} \times 100\,(\%)$$

　たとえば，過去5年度の成長性を分析する場合には，6年前の財務諸表の数値を分母とし，5年前から現在までの各年度の財務諸表の数値を分子とすることで，一定の基準の下で，分析対象となる数期間の趨勢が把握できます。

● 損益計算書項目の成長性

　損益計算書は企業の経営活動の成果である経営成績を示すため，損益計算書項目の成長率によって，企業による経営活動規模の成長性を測ることができま

す。売上高成長率は経営活動の成長性を測る上で基本となる指標といえます。

$$売上高成長率 = \frac{分析対象年度の売上高 - 前期の売上高}{前期の売上高} \times 100 \,(\%)$$

　一般に，企業の経営活動の成長が均一であれば，売上高成長率とその他の損益計算書項目の成長率は一定となります。これに着目すると，成長率を比較することによって，企業における諸活動のおおよその状況を把握することができます。たとえば，売上高成長率に対して売上総利益成長率や営業利益成長率が低ければ，売上高よりも売上原価や販売費及び一般管理費の増加が大きいことになり，商品の購買活動や販売活動に何らかの問題がある可能性が指摘できます。このように，損益計算書項目の成長率は，成長性だけではなく経営活動の効率性などを把握する手段としても活用できます。

● 貸借対照表項目の成長性

　貸借対照表は企業の一時点における資金の調達源泉や運用形態を示すため，貸借対照表項目の成長率により，企業の資金規模や投資規模の成長性をみることができます。特に総資本は企業が経営活動に投下する資金総額であるため，総資本成長率は企業規模の成長性を測る上で基本となる指標といえます。

$$総資本成長率 = \frac{分析対象年度の総資本 - 前期の総資本}{前期の総資本} \times 100 \,(\%)$$

　総資本成長率とその他の貸借対照表項目の成長率については，先の売上高成長率とその他の損益計算書項目と同様の関係が成立します。たとえば，総資本成長率に対して自己資本成長率が低ければ，借入れに依存した企業規模の拡大を図っていることが指摘できます。また，総資本成長率に対して有形固定資産成長率が高ければ，将来へ向けて積極的な設備投資を行っていることが指摘できます。このように，貸借対照表項目の成長率は，成長性だけではなく財務活動や投資活動の傾向を把握する手段としても活用できます。

第6章 財務諸表を活用する

69 トレーニング⑮

❓ **問題1** 資料に基づき，宮城製菓株式会社の×5年の成長性分析に関する各設問に答えなさい。

<資料> 宮城製菓株式会社の×5年の会計データ（抄）

	前期	当期		前期	当期
売上高	210,000	265,000	当期純利益	39,000	15,000
売上総利益	101,000	125,000	総資本	233,000	280,000
営業利益	8,000	16,000	純資産（自己資本）	158,000	176,000
経常利益	14,000	22,000			

(1) 以下の成長率を計算しなさい。
　① 売上高　② 売上総利益　③ 営業利益　④ 経常利益
　⑤ 当期純利益　⑥ 総資本　⑦ 自己資本

(2) (1)の各指標に基づき，同社の成長性について講評しなさい。

❓ **問題2** 森永製菓の損益計算書および貸借対照表に基づき，成長性分析に関する各設問に答えなさい。

(1) 以下の成長率を計算しなさい。
　① 売上高　② 売上総利益　③ 営業利益　④ 経常利益
　⑤ 当期純利益　⑥ 総資本　⑦ 自己資本

(2) (1)の各指標に基づき，同社の成長性について講評しなさい。

(3) 問題1で計算した宮城製菓株式会社の各指標と比較し，両社の成長性について講評しなさい。

 **解答・解説**

問題 1

(1) ① 売上高成長率 = $\frac{265{,}000 - 210{,}000}{210{,}000} \times 100 = 26.19\%$

② 売上総利益成長率 = $\frac{125{,}000 - 101{,}000}{101{,}000} \times 100 = 23.762 ≒ 23.76\%$

③ 営業利益成長率 = $\frac{16{,}000 - 8{,}000}{8{,}000} \times 100 = 100\%$

④ 経常利益成長率 = $\frac{22{,}000 - 14{,}000}{14{,}000} \times 100 = 57.142 ≒ 57.14\%$

⑤ 当期純利益成長率 = $\frac{15{,}000 - 39{,}000}{39{,}000} \times 100 = △61.538 ≒ △61.54\%$

⑥ 総資本成長率 = $\frac{280{,}000 - 233{,}000}{233{,}000} \times 100 = 20.171 ≒ 20.17\%$

⑦ 自己資本成長率 = $\frac{176{,}000 - 158{,}000}{158{,}000} \times 100 = 11.392 ≒ 11.39\%$

(2) 売上高成長率ならびに売上総利益成長率はともに増加しており，商品販売は堅調な伸びとなっている。また，営業利益成長率は100％と前年の倍となっており，商品販売に比べて販売費及び一般管理費の増大が抑えられた結果，主たる営業活動は前年と比べ大きく成長している。一方，経常利益は営業利益に比べ伸び幅は小さく，当期純利益では逆にマイナス成長となっていることから，投資・財務活動の変調や臨時的な損失の発生がうかがえる。

　総資本成長率は20.17％と資金規模は拡大しているものの，自己資本成長率は11.39％とそれよりも低いことから，先の資金規模の拡大は借入れによるものであることがわかる。

問題 2

森永製菓の損益計算書と貸借対照表の会計年度によって解答は異なります。

(1)～(3)　省略

コラム⑥

世の中の動きが見える会計

　会計を理解することで，法律の改正等が自社のビジネスモデルに与える影響を理解することができます。また，さまざまな経済ニュースを会計的側面から理解することで，それぞれの業務における専門性が高まっていきます。
　会計学を武器にして，会計情報というエビデンスに基づく思考方法を身につけ，ご自身の専門性にも磨きをかけてください。

第 **7** 章

連結財務諸表

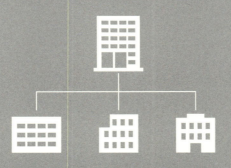

　企業は，個々の企業として存在していますが，現在は，グループ会社として経営活動を行うことも増えています。企業グループは，グループ内でさまざまな取引を行うこともあります。グループ全体の財政状態や経営成績を知るためには，個々の財務諸表だけでなく，グループ全体としての財務諸表が必要になります。この財務諸表を連結財務諸表といいます。
　本章では，連結財務諸表作成の概略を理解します。
　連結財務諸表の基本をマスターすることで，できるビジネスパーソンへの道が開けます。

第7章 連結財務諸表

70 連結財務諸表の目的

学習目標
❶ 連結財務諸表を作成する目的について理解する。
❷ 連結財務諸表の必要性について理解する。

● 連結財務諸表とは

財務諸表には，大きく分けて2つの種類があります。企業単体の財務諸表である**個別財務諸表**と企業グループ全体の財務諸表である**連結財務諸表**です。各企業はそれぞれ法律的に独立した企業であるため，個別財務諸表は個々の会社で作成されます。一方で，企業がグループを形成している場合には，個別財務諸表だけでは企業の経営活動の実態を的確に把握することは難しくなります。そこで，企業グループを単一の組織体とみなして，その財政状態や経営成績などを報告するために連結財務諸表が作成されます。

森永製菓もグループを形成しており，森永製菓株式会社を中心として，森永エンゼルデザート株式会社（主にアイスクリーム）や森永スナック食品株式会社（主にスナック，チョコレート）といった別の会社でお菓子を製造し，その他にも森永商事株式会社といったココアやチョコレートの食品素材の開発・卸売をする会社などがあり，これらを合算した連結財務諸表が作成されています。

木でたとえるなら，木の幹が森永製菓株式会社の個別財務諸表で，1枚1枚の葉っぱがグループを構成する各社の個別財務諸表ということになり，木全体が連結財務諸表というイメージです。

● 連結財務諸表の目的

私たちのイメージする森永の事業活動は，アイスクリームやチョコレートといったお菓子を開発して，材料を仕入れて製造し，販売することですが，これらの内容は，森永製菓株式会社を中心とした企業グループ全体で行われていま

す。つまり、森永全体の業績を知るためには、各会社の個別財務諸表を見るだけでは足りず、企業グループ全体を合算した連結財務諸表を見る必要があります。先ほどの木の例を使用すると、木の全容を知るには、木の幹だけを見たり、葉っぱを1枚1枚見たりしてもわかりづらいため、木の全体を見る必要があります。

企業会計基準第22号「連結財務諸表に関する会計基準」では、連結財務諸表の目的を次のように定義しています。

> 連結財務諸表は、支配従属関係にある2つ以上の企業からなる集団(企業集団)を単一の組織体とみなして、親会社が当該企業集団の財政状態、経営成績及びキャッシュ・フローの状況を総合的に報告するために作成するものである。(第1項)

また、企業グループ全体で納税を行う連結納税制度が導入された際の課税の合理化を図るためにも、連結財務諸表の作成が役立つと考えられます。

● 連結財務諸表の必要性

財務諸表の開示は、多くのステークホルダーが一定の水準を満たした会計情報を入手し、適切な意思決定が行えるように制度化されてきました。近年、経営の多角化や国際化が進むにつれて、複数の会社からなるグループ経営を行う会社が多くなっています。GoogleやAppleといった海外企業は日本に子会社を設立していますし、トヨタ自動車やSoftbankといった日本企業も海外に子会社を置いたり、海外企業を買収して子会社にしたりしています。

そうなると、個別財務諸表では情報が限定されていて、企業グループの全体像を把握できずに、情報の受け手である投資家は困ってしまいます。海外の証券市場では、以前より財務諸表といえば主として連結財務諸表を指しており、日本でも上場会社などに適用される金融商品取引法では、個別財務諸表よりも連結財務諸表を重視した開示が行われています。一方で、個別財務諸表は、株主に対する説明責任を果たしたり、税金の計算に使用したりする際に必要となります。

71 連結の範囲

学習目標
① 企業グループについて理解する。
② 連結の範囲について理解する。

● 企業グループとは

　連結財務諸表は，企業グループを対象にした財務諸表なので，グループに属しているすべての会社を含むのか，そもそもグループとは何なのかを決めておく必要があります。

　木を例に連結財務諸表をイメージすると木の幹がグループを率いている会社で，葉っぱがグループに属する会社と説明しましたが，実際の企業グループは木のようにはっきりと目に見える存在ではありません。むしろ，太陽系のように，太陽という恒星の周りを惑星が回り続けており，太陽の重力の支配下にある惑星を中心に太陽系が構成されているという表現の方が正確です。これは，支配従属関係を意味しており，グループを支配している会社を**親会社**とよび，従属している会社を**子会社**とよびます。

　太陽系では，2006年に冥王星が惑星から準惑星に格下げされたように，太陽の支配下にあるものの，その支配状況によって惑星として扱わなくなることがあります。企業グループとは，太陽のようにグループを率いている親会社と，惑星のように太陽の支配下にありながら一定の条件を満たす星，つまり何らかの条件を満たしてグループに属している子会社から構成されます。

● 連結の範囲

　連結財務諸表は，企業グループを支配している親会社が子会社の個別財務諸表を収集して作成します。そこで，連結財務諸表を作成する際にどの会社を連結財務諸表の対象に含めるかという問題があります。これを連結範囲の決定と

よびます。原則として，親会社はすべての子会社を連結に含めて財務諸表を作成しなければなりません。なお，「連結財務諸表に関する会計基準」では，親会社と子会社を次のように定義しています。

> ① 「親会社」とは，他の企業の意思決定機関（株主総会など）を支配している企業をいう。
> ② 「子会社」とは，他の企業に意思決定機関（株主総会など）を支配されている企業をいう。
> ③ 「親会社及び子会社」または「子会社」が，他の企業の意思決定機関を支配している場合には，その支配している企業もその「親会社」の「子会社」とみなす。（第6項を要約）

具体的な子会社の判定基準として，株主総会の議決権の所有割合で判定する**持株基準**と意思決定機関を支配しているか否かで判定する**支配力基準**の2つがあります。

(1) 持株基準

持株基準は，株主総会の議決権株式の過半数（50％超）を所有することで，株主総会の支配を通して，その会社の経営を支配できることを子会社の判定基準とします。しかし，持株基準では，議決権の所有割合を操作することで，連結の範囲から外すことができるため，次の支配力基準が採用されています。

(2) 支配力基準

支配力基準では，上記の持株基準に加え，支配の実態があるかを実質的に判断して，子会社を判定します。具体的には，議決権の40％以上50％以下を所有している場合は，①緊密な者および同意している者が所有する議決権と合わせて過半数を占めている場合，②現在の役員・使用人もしくは元役員・使用人が取締役会等の構成員の過半数を占めている場合，③重要な財務・営業または事業方針の決定を支配する契約等が存在する場合，④資金調達額の過半について融資を行っている場合のいずれかに該当すると実態として支配しているとみなし，子会社と判定します。また，議決権が40％未満であっても同様に判定します。

72 連結財務諸表の作成準備（子会社の資産および負債の時価評価）

学習目標
❶ 連結財務諸表の作成の概要について理解する。
❷ 子会社の時価評価について理解する。

連結財務諸表の作成

連結財務諸表は，親会社と子会社の個別財務諸表における金額を基礎として作成されます。連結財務諸表は，親会社と子会社の個別財務諸表を合算して作成することはイメージがつくと思いますが，単純に合算すれば完成ということにはなりません。連結財務諸表を作成するには，親会社の個別財務諸表と子会社の個別財務諸表を合算した後に，不要な部分を消去しなければなりません。

連結財務諸表は，親会社が子会社に対する支配を獲得した時点から作成されます。すなわち，支配獲得時点での連結貸借対照表が最初の連結財務諸表となります。

連結貸借対照表の作成手順は，次のとおりです。

① 個別貸借対照表における金額を基礎とする
② 子会社の資産および負債を時価評価する
③ 親会社の投資と子会社の資本を相殺消去する
④ 親子会社間の債権・債務を相殺消去する

72 連結財務諸表の作成準備（子会社の資産および負債の時価評価）

● 子会社の資産および負債の時価評価

連結貸借対照表の作成にあたっては，支配獲得日において，子会社の資産および負債のすべてを支配獲得日の時価により評価します。

なお，子会社の資産および負債の時価評価額と，子会社の個別貸借対照表上の帳簿価額との差額を評価差額といい，子会社の純資産（資本）とします。

● 計算例

P社（親会社）は，S社（子会社）の発行済株式の100％を取得し，支配を獲得した。支配獲得日におけるS社の貸借対照表は次のとおりであった。なお，諸資産の時価は31,500，諸負債の時価は8,500であった。

S社　貸借対照表

諸資産	30,000
諸負債	8,000
資本金	20,000
利益剰余金	2,000

（考え方）

貸借対照表では，絶えず資産＝負債＋純資産の関係が成り立っています。S社の修正前の貸借対照表では，30,000＝8,000＋（20,000＋2,000）でした。ここで，諸資産を31,500に修正し，諸負債を8,500に修正すると，差額の1,000が評価差額となります。31,500＝8,500＋（20,000＋2,000＋1,000）です。

S社の時価評価後の貸借対照表は次のようになります。

S社　貸借対照表

諸資産	31,500
諸負債	8,500
資本金	20,000
利益剰余金	2,000
評価差額	1,000

第7章 連結財務諸表

73 投資と資本の相殺消去

学習目標
❶ 投資と資本の相殺消去について理解する。
❷ 投資の額と資本の額が異なる場合の仕訳について理解する。

● 投資と資本の相殺消去

　子会社の個別貸借対照表を時価で評価替えした後に，親会社の個別貸借対照表と子会社の（評価替後）個別貸借対照表を合算して，連結貸借対照表を作成します。

　しかし，単純に合算しただけでは，親会社の子会社株式（投資）と子会社の資本がそのまま，二重に計上されてしまうことになります。そこで，親会社の投資とこれに対応する子会社の資本を相殺消去します。

● 計算例

　Ｐ社（親会社）は，Ｓ社（子会社）の発行済株式の100％を23,000で取得し，支配を獲得した。支配獲得日におけるＰ社の貸借対照表とＳ社の諸資産，諸負債を時価評価した後の貸借対照表は次のとおりであった。連結貸借対照表を作成しなさい。

73 投資と資本の相殺消去

P社　貸借対照表

諸資産	123,000
子会社株式	23,000
諸負債	46,000
資本金	80,000
利益剰余金	20,000

S社　貸借対照表

諸資産	31,500
諸負債	8,500
資本金	20,000
利益剰余金	2,000
評価差額	1,000

考え方

P社の投資（子会社株式）とS社の資本（資本金＋利益剰余金＋評価差額）を相殺消去します。

子会社株式	23,000	⇔	資本金	20,000
		相殺消去	利益剰余金	2,000
			評価差額	1,000

相殺消去した後に，親会社と子会社の各項目を合算していきます。

P社子会社株式（23,000）－S社資本（20,000＋2,000＋1,000）＝0

P社諸資産（123,000）＋S社諸資産（31,500）＝連結上の諸資産（154,500）

P社諸負債（46,000）＋S社諸負債（8,500）＝連結上の諸負債（54,500）

P社資本金（80,000）＝連結上の資本金（80,000）

P社利益剰余金（20,000）＝連結上の利益剰余金（20,000）

P社　連結貸借対照表

諸資産	154,500
諸負債	54,500
資本金	80,000
利益剰余金	20,000

なお，連結貸借対照表でも，資産（154,500）＝負債（54,500）＋純資産（80,000＋20,000）の関係が成り立っています。

また，子会社の支配を獲得したときに，投資と資本の金額が一致せず差額が生じることが一般的です。親会社の投資額＞子会社の資本のときには，のれんとして貸借対照表の無形固定資産に計上します。

74 非支配株主持分

学習目標 ❶ 非支配株主が存在する場合の投資と資本の相殺消去について理解する。

● 非支配株主とは

親会社が子会社の発行済株式の100％を取得していないこともあります。その場合、子会社の資本のうち親会社に帰属する部分を**親会社持分**といい、親会社に帰属しない部分を**非支配株主持分**といいます。

親会社が子会社の発行済株式の100％を所有していない場合は、子会社の資本のうち親会社の持分に相当する部分のみが親会社の投資と相殺消去されます。このとき、子会社の資本のうち親会社の持分に属さない部分は非支配株主持分に振り替え、連結貸借対照表に、非支配株主持分として純資産の部に記載します。

● 計算例

P社（親会社）は、S社（子会社）の発行済株式の60％を13,800で取得し、支配を獲得した。支配獲得日におけるP社の貸借対照表とS社の諸資産、諸負債を時価評価した後の貸借対照表は次のとおりであった。連結貸借対照表を作成しなさい。

P社　貸借対照表

諸資産	132,200
子会社株式	13,800
諸負債	46,000
資本金	80,000
利益剰余金	20,000

S社　貸借対照表

諸資産	31,500
諸負債	8,500
資本金	20,000
利益剰余金	2,000
評価差額	1,000

74 非支配株主持分

> 考え方

P社の投資（子会社株式）とS社の資本（資本金＋利益剰余金＋評価差額）を相殺消去しますが、相殺消去の対象となるのは、株式の所有割合の60％分だけです。残りの40％分は非支配株主持分として純資産の部に振り替えます。

子会社の資本

非支配株主持分	40％分
親会社持分	60％分

| 子会社株式 | 13,800 | ⇔ 相殺消去 |

非支配株主持分	40％分
親会社持分	60％分

相殺消去した後に、親会社と子会社の各項目を合算していきます。

P社子会社株式（13,800）－S社資本の60％（（20,000＋2,000＋1,000）×0.6）＝ 0
S社資本の40％（（20,000＋2,000＋1,000）×0.4）＝9,200は、非支配株主持分として純資産に計上。
P社諸資産（132,200）＋S社諸資産（31,500）＝連結上の諸資産（163,700）
P社諸負債（46,000）＋S社諸負債（8,500）＝連結上の諸負債（54,500）
P社資本金（80,000）＝連結上の資本金（80,000）
P社利益剰余金（20,000）＝連結上の利益剰余金（20,000）

P社　連結貸借対照表

諸資産	163,700
諸負債	54,500
資本金	80,000
利益剰余金	20,000
非支配株主持分	9,200

なお、連結貸借対照表でも、資産（163,700）＝負債（54,500）＋純資産（80,000＋20,000＋9,200）の関係が成り立っています。

75 トレーニング⑯

問題1 次の各文の（　　　）の中に入る最も適当な用語を答えなさい。

(1) 企業グループで経営が行われている場合，個々の企業が作成する（　①　）だけでは，企業の実態を把握するのは難しい。そこで企業グループ全体の財政状態や経営成績等を示す（　②　）が必要になる。

(2) 連結の範囲を決めるのは重要なことである。子会社にあたるかどうかを判断するのは，（　③　）基準に基づく。

(3) ある会社が，他の会社を子会社として支配を獲得した日を（　④　）という。

(4) 子会社の資本のうち親会社に帰属しない部分を（　⑤　）という。

(5) 親会社の投資と子会社の資本の相殺消去により生じた差額（親会社の投資＞子会社の資本のとき）を（　⑥　）という。

①	
②	
③	
④	
⑤	
⑥	

問題2 P社（親会社）は，S社（子会社）の発行済株式の60％を16,000で取得し，支配を獲得した。支配獲得日におけるP社の貸借対照表とS社の諸資産，諸負債を時価評価した後の貸借対照表は次のとおりであった。連結貸借対照表を作成しなさい。

P社　貸借対照表	
諸資産	110,000
子会社株式	16,000
諸負債	71,000
資本金	50,000
利益剰余金	5,000

S社　貸借対照表	
諸資産	42,000
諸負債	17,000
資本金	20,000
利益剰余金	3,000
評価差額	2,000

　解答・解説

問題1

①	個別財務諸表
②	連結財務諸表
③	支配力
④	支配獲得日
⑤	非支配株主持分
⑥	のれん

問題2

P社　連結貸借対照表

諸資産	152,000
のれん	1,000
諸負債	88,000
資本金	50,000
利益剰余金	5,000
非支配株主持分	10,000

　P社子会社株式（16,000）－ S社資本の60％（(20,000＋3,000＋2,000)×0.6）＝のれん（1,000）

　S社資本の40％（(20,000＋3,000＋2,000)×0.4）＝10,000は，非支配株主持分として純資産に計上。

76 連結決算の流れ

学習目標
1. 連結決算の流れについて理解する。
2. 開始（仕訳）処理について概要を理解する。

連結決算の流れ

　連結財務諸表を作成するには，単純に親会社の個別財務諸表と子会社の個別財務諸表を合算するだけでは，重複などがあり，連結上の修正処理（相殺消去）が必要です。

　支配獲得日に連結貸借対照表を作成しますが，支配獲得日以降にもさまざまな処理が行われ，連結決算日に，連結貸借対照表，連結損益計算書，連結株主資本等変動計算書が作成されます。

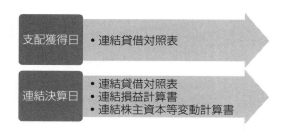

開始（仕訳）処理

　連結財務諸表を作成するための処理は，親会社および子会社の総勘定元帳に記載されていません。すなわち，子会社の資産や負債の時価評価の結果，想定していた貸借対照表は，あくまでも，連結貸借対照表を作成するための資料として作成しただけで，本来の個別財務諸表が修正されているわけではありません。また，親会社の投資と子会社の資本との相殺消去の処理も，個別の財務諸表には反映されていません。

そこで，連結財務諸表を作成する場合には，支配獲得日の処理（仕訳）を再度行う必要があります。これを**開始仕訳**といいます。仕訳とは，簿記で用いられる用語です。財務諸表の数値は，簿記処理により誘導的に作成されてきていますので，開始仕訳とよばれています。

● 支配獲得後の連結（決算日の連結財務諸表の作成）

　決算日の連結財務諸表の作成は，個別財務諸表の合算に始まり，開始仕訳とよばれる過去の連結修正仕訳を行います。これは，将棋のプロ戦で2日目の対局の際に，最初の状態から駒を動かして1日目の封じ手の直前まで再現するのと似ています。つまり，過去に行った支配獲得日の連結修正仕訳やその後の決算における連結修正仕訳をもう一度実施して，前期末（または支配獲得日）の状態まで再現する処理を行います。これは，連結修正仕訳が個別財務諸表を作成する各会社の帳簿とは無関係の処理であるため，個別財務諸表を合算した状態では，連結に係る処理は全く反映されていないためです。

　そして，開始仕訳を通して前期末（または支配獲得日）の状態を再現することにより，当期に係る連結修正処理（仕訳）を行います。ここで行われる処理（仕訳）は，のれんの償却や子会社の当期純利益や配当金を非支配株主に帰属する部分に振り分ける処理，連結会社相互間の債権債務や内部取引高の相殺消去，連結会社相互間での売買で生じている未実現利益の消去などがあります。

　このほか，ある程度の支配下にあるものの子会社として扱われない関連会社や非連結子会社の財政状態と経営成績を連結財務諸表に反映する持分法の会計処理があり，最後にこれらの連結修正仕訳を反映した連結財務諸表が作成されます。

個別財務諸表の合算 → 開始仕訳 → 当期分の連結修正処理 → 連結財務諸表

コラム⑦

数字のマジックは怖い

　会計を学ぶと，数字のマジックに惑わされないでしょうか。

　この問いに明示的な答えを用意するのは難しそうです。会計情報を皮相的に捉えるか，その本質まで理解するかによっても異なるでしょう。

　会計情報は数字で表されるので，私たちは客観的で「正しい」と思いがちです。会計情報がいかに作成されてくるのかという点まで学習していくと，会計情報のもつ限界も見えてきます。

　会計の限界を知りつつ，うまく会計情報とつきあう，クレバーな接し方をするためにも，会計学を深く学んでみてください。

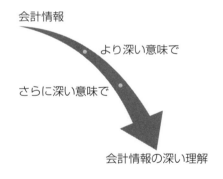

索　引

■あ行

預り金 …………………………………… 91
後入先出法 ……………………………… 49
安全性 …………………………………… 142
一時差異 ………………………………… 83
1年基準 ………………………………… 29
一般債権 ………………………………… 36
受取手形 ………………………………… 34
売上原価 ………………………………… 120
売上債権 ………………………………… 34
売上債権回転期間 ……………………… 139
売上債権回転率 ………………………… 139
売上総利益 ……………………………… 120
売上高 …………………………………… 120
売上高営業利益率 ……………………… 134
売上高経常利益率 ……………………… 134
売上高事業利益率 ……………………… 134
売上高成長率 …………………………… 147
売上高総利益率 ………………………… 134
売上高当期純利益率 …………………… 135
売上高利益率 …………………………… 134
売掛金 …………………………………… 34
ウルフ …………………………………… 4
営業外収益 ……………………………… 122
営業外費用 ……………………………… 122
営業循環基準 …………………………… 29
営業損益計算 …………………………… 118
営業利益 ………………………………… 120
エージェンシー関係 …………………… 9
EDINET ………………………………… 131
オペレーティング・リース ……… 75, 96
親会社 …………………………………… 154
親会社持分 ……………………………… 160

■か行

買掛金 …………………………………… 87
会計 ……………………………………… 2
会計期間 ………………………………… 116
会計制度 ………………………………… 10
会社法 …………………………… 13, 131
回転期間 ………………………………… 139
回転率 …………………………………… 138
外部分析 ………………………………… 132
外部報告会計 …………………………… 2
貸倒懸念債権 …………………………… 36
課税所得 ………………………………… 82
株主資本 ………………………………… 100
為替換算調整勘定 ……………………… 110
間接法 …………………………………… 71
管理会計 ………………………………… 3
期間損益計算 …………………………… 116
企業会計 ………………………………… 2
企業会計基準委員会（ASBJ） ………… 5
企業の社会的責任 ……………………… 7
金融商品取引法 ………………………… 13
繰越利益剰余金 ………………………… 105
繰延税金資産 …………………………… 83
繰延税金負債 …………………… 83, 98
繰延ヘッジ損益 ………………………… 110
クレジット売掛金 ……………………… 35
クロスセクション分析 ………………… 133
経常損益計算 …………………………… 119
経常利益 ………………………………… 122
継続記録法 ……………………………… 48
原価基準 ………………………………… 22
減価償却 ………………………………… 70
減価償却費 ……………………………… 70

索　引

減価償却累計額 …………………… 71
減資 ………………………………… 103
建設仮勘定 ………………………… 76
公正価値 …………………………… 23
構成要素 …………………………… 16
効率性 ………………………… 138, 142
子会社 ……………………………… 154
子会社株式及び関連会社株式 …… 41
子会社株式及び関連会社株式の
　　期末評価 ……………………… 43
国際会計基準審議会（IASB）……… 5
国際財務報告基準（IFRS）………… 5
固定資産 …………………………… 28
固定長期適合率 …………………… 143
固定比率 …………………………… 143
固定負債 …………………………… 30
個別財務諸表 ……………………… 152
個別法 ……………………………… 49

■さ行

債権 ………………………………… 34
財産法 ……………………………… 116
再調達原価 ………………………… 23
債務 ………………………………… 86
財務会計 …………………………… 2
財務諸表 …………………………… 152
財務諸表分析 ……………………… 132
先入先出法 ………………………… 49
仕入債務 …………………………… 86
仕入債務回転期間 ………………… 139
仕掛品 ……………………………… 60
時価基準 …………………………… 23
自己株式 …………………………… 106
自己株式の消却 …………………… 107
自己資本当期純利益率 …………… 135
自己資本比率 ……………………… 143
資産 ………………………………… 16
実現主義 …………………………… 21

実数分析 …………………………… 133
支配力基準 ………………………… 155
支払債務回転率 …………………… 139
支払手形 …………………………… 86
資本金 ……………………………… 102
資本準備金 …………………… 102, 104
資本剰余金 ………………………… 102
資本利益率 ………………………… 135
借地権 ……………………………… 78
社債 ………………………………… 94
収益 ………………………………… 18
収益性 ……………………………… 142
収支額（収入支出額）基準 ……… 23
取得原価 …………………………… 22
純資産 ………………………… 17, 100
純損益計算 ………………………… 119
償却原価法 …………………… 40, 95
商品評価損 ………………………… 53
情報提供機能 ……………………… 3
情報の非対称性 …………………… 10
正味実現可能価額 ………………… 23
正味売却価額 ……………………… 53
賞与引当金 ………………………… 92
新株予約権 …………………… 100, 110
ステークホルダー ………………… 130
税効果会計 ………………………… 82
製造原価明細書 …………………… 60
成長率 ……………………………… 146
税引前当期純利益 ………………… 124
製品別計算 ………………………… 56
増資 ………………………………… 102
総資本回転率 ……………………… 138
総資本事業利益率 ………………… 135
総資本成長率 ……………………… 147
測定 ………………………………… 22
測定基準 …………………………… 22
その他資本剰余金 ………………… 104
その他の包括利益累計額 ………… 110

その他有価証券・・・・・・・・・・・・・・・・・・・・・・・・41
その他有価証券の期末評価・・・・・・・・・・・・43
その他有価証券評価差額金・・・・・・・・・・・・110
その他利益剰余金・・・・・・・・・・・・・・・・・・・・105
ソフトウェア・・・・・・・・・・・・・・・・・・・・・・・・・・・78
損益計算書・・・・・・・・・・・・・・・・・・・・・・・・・・・・・・8
損益法・・・・・・・・・・・・・・・・・・・・・・・・・・・・・・・・116

■た行

対基準年度比率・・・・・・・・・・・・・・・・・・・・・・・146
貸借対照表・・・・・・・・・・・・・・・・・・・・・・・・・・・・・・8
退職給付・・・・・・・・・・・・・・・・・・・・・・・・・・・・・・・93
退職給付に係る調整額・・・・・・・・・・・・・・・・110
退職給付引当金・・・・・・・・・・・・・・・・・・・・・・・93
タイムシリーズ分析・・・・・・・・・・・・・・・・・・133
棚卸計算法・・・・・・・・・・・・・・・・・・・・・・・・・・・・48
棚卸減耗・・・・・・・・・・・・・・・・・・・・・・・・・・・・・・・52
棚卸減耗損・・・・・・・・・・・・・・・・・・・・・・・・・・・・52
棚卸資産回転期間・・・・・・・・・・・・・・・・・・・・139
棚卸資産回転率・・・・・・・・・・・・・・・・・・・・・・・139
短期借入金・・・・・・・・・・・・・・・・・・・・・・・・・・・・94
長期借入金・・・・・・・・・・・・・・・・・・・・・・・・・・・・94
直接法・・・・・・・・・・・・・・・・・・・・・・・・・・・・・・・・・71
定款・・・・・・・・・・・・・・・・・・・・・・・・・・・・・・・・・・102
ディスクロージャー制度・・・・・・・・・・・・・・130
定性分析・・・・・・・・・・・・・・・・・・・・・・・・・・・・・132
定量分析・・・・・・・・・・・・・・・・・・・・・・・・・・・・・132
手元流動性回転率・・・・・・・・・・・・・・・・・・・138
デリバティブ・・・・・・・・・・・・・・・・・・・・・・・・・110
電子記録債権・・・・・・・・・・・・・・・・・・・・・・・・・・35
当期純利益・・・・・・・・・・・・・・・・・・・・・・・・・・・125
当座比率・・・・・・・・・・・・・・・・・・・・・・・・・・・・・142
当座預金・・・・・・・・・・・・・・・・・・・・・・・・・・・・・・・33
投資その他の資産・・・・・・・・・・・・・・・・・・・・80
特別償却準備金・・・・・・・・・・・・・・・・・・・・・・105
特別損失・・・・・・・・・・・・・・・・・・・・・・・・・・・・・124
特別利益・・・・・・・・・・・・・・・・・・・・・・・・・・・・・124
土地再評価差額金・・・・・・・・・・・・・・・・・・・110

特許権・・・・・・・・・・・・・・・・・・・・・・・・・・・・・・・・・78

■な行

内部分析・・・・・・・・・・・・・・・・・・・・・・・・・・・・・132
内部報告会計・・・・・・・・・・・・・・・・・・・・・・・・・・・3
任意積立金・・・・・・・・・・・・・・・・・・・・・・・・・・・105
認識・・・・・・・・・・・・・・・・・・・・・・・・・・・・・・・・・・・20
認識基準・・・・・・・・・・・・・・・・・・・・・・・・・・・・・・・21
のれん・・・・・・・・・・・・・・・・・・・・・・・・・・・・78, 163

■は行

売価還元法・・・・・・・・・・・・・・・・・・・・・・・・・・・・49
売買目的有価証券・・・・・・・・・・・・・・・・・・・・40
売買目的有価証券の期末評価・・・・・・・・42
破産更生債権等・・・・・・・・・・・・・・・・・・・・・・・36
発生主義・・・・・・・・・・・・・・・・・・・・・・・・・・・・・・・21
払込資本・・・・・・・・・・・・・・・・・・・・・・・・・・・・・102
販売費及び一般管理費・・・・・・・・・・・・・・121
非支配株主持分・・・・・・・・・・・・・・・・・・・・・・160
費目別計算・・・・・・・・・・・・・・・・・・・・・・・・・・・・56
費用・・・・・・・・・・・・・・・・・・・・・・・・・・・・・・・・・・・18
評価・換算差額等・・・・・・・・・・・・・・100, 110
評価性引当金・・・・・・・・・・・・・・・・・・・・・・・・・92
費用収益対応の原則・・・・・・・・・・・・・・・・・23
費用の繰延べ・・・・・・・・・・・・・・・・・・・・・・・・・64
費用の見越し・・・・・・・・・・・・・・・・・・・・・・・・・90
費用配分の原則・・・・・・・・・・・・・・・・・・・・・・・47
比率分析・・・・・・・・・・・・・・・・・・・・・・・・・・・・・133
ファイナンス・リース・・・・・・・・・・・・74, 96
複式簿記・・・・・・・・・・・・・・・・・・・・・・・・・・・・・・・12
負債・・・・・・・・・・・・・・・・・・・・・・・・・・・・・・・16, 86
負債性引当金・・・・・・・・・・・・・・・・・・・・・・・・・92
負債比率・・・・・・・・・・・・・・・・・・・・・・・・・・・・・143
付随費用・・・・・・・・・・・・・・・・・・・・・・・・・・・・・・・47
部門別計算・・・・・・・・・・・・・・・・・・・・・・・・・・・・56
平均原価法・・・・・・・・・・・・・・・・・・・・・・・・・・・・49
別途積立金・・・・・・・・・・・・・・・・・・・・・・・・・・・105
法人税等・・・・・・・・・・・・・・・・・・・・・・・・・・・・・・・88

索　引

法人税法 …………………………… 13

■ま行

前払費用 …………………………… 64
満期保有目的の債券 ……………… 40
満期保有目的の債券の期末評価 …… 43
未払金 ……………………………… 87
未払消費税等 ……………………… 89
未払費用 …………………………… 90
未払法人税等 ……………………… 88
無形固定資産 ……………………… 78
持株基準 …………………………… 155

■や行

有価証券 …………………………… 40
有価証券の期末評価 ……………… 42
有形固定資産 ……………………… 66
有形固定資産回転率 ……………… 139

■ら行

リース債務 ………………………… 97

リース資産 ………………………… 97
リース取引 ………………………… 74
利益準備金 ………………………… 105
利益剰余金 ………………………… 104
利害調整機能 ……………………… 3
利子込み法 ………………………… 75
利子抜き法 ………………………… 75
流動資産 …………………………… 28
流動比率 …………………………… 142
流動負債 …………………………… 30
留保利益 …………………………… 104
連結株主資本等変動計算書 ……… 164
連結財務諸表 ……………………… 152
連結損益計算書 …………………… 164
連結貸借対照表 …………………… 164

■わ行

割引現在価値 ……………………… 23

●編著者紹介

成川　正晃（なりかわ　まさてる）

1959年和歌山県生まれ
明治大学商学部卒業，東京経済大学大学院経営学研究科博士後期課程退学。
埼玉女子短期大学助教授，高崎商科大学短期大学部准教授，教授，東北工業大学教授を経て，東京経済大学教授（2022年4月まで）。
日本会計研究学会評議員，日本簿記学会理事，日本会計教育学会理事，中小企業会計学会理事を歴任。

<主著>
『ビジネスセンスが身につく簿記（第2版）』（編著，中央経済社，2022年）
「中小企業会計要領と会計教育」『経理研究』（単著，中央大学経理研究所，2014年，2014年度日本会計教育学会・学会賞受賞）ほか多数。

ビジネスセンスが身につく会計学

2018年12月10日　第1版第1刷発行
2025年3月30日　第1版第6刷発行

編著者　成　川　正　晃
発行者　山　本　　　継
発行所　㈱中央経済社
発売元　㈱中央経済グループ
　　　　パブリッシング

〒101-0051　東京都千代田区神田神保町1-35
電話　03（3293）3371（編集代表）
　　　03（3293）3381（営業代表）
https://www.chuokeizai.co.jp
印刷／昭和情報プロセス㈱
製本／侑井上製本所

©2018
Printed in Japan

＊頁の「欠落」や「順序違い」などがありましたらお取り替えいたしますので発売元までご送付ください。（送料小社負担）

ISBN978-4-502-28681-0　C3034

JCOPY〈出版者著作権管理機構委託出版物〉本書を無断で複写複製（コピー）することは，著作権法上の例外を除き，禁じられています。本書をコピーされる場合は事前に出版者著作権管理機構（JCOPY）の許諾を受けてください。

JCOPY〈https://www.jcopy.or.jp　eメール：info@jcopy.or.jp〉

── ■おすすめします■ ──

学生・ビジネスマンに好評
■最新の会計諸法規を収録■

新版 会計法規集

中央経済社編

会計学の学習・受験や経理実務に役立つことを目的に，最新の会計諸法規と企業会計基準委員会等が公表した会計基準を完全収録した法規集です。

《主要内容》

会計諸基準編＝企業会計原則／外貨建取引等会計処理基準／連結CF計算書等作成基準／研究開発費等会計基準／税効果会計基準／減損会計基準／自己株式会計基準／1株当たり当期純利益会計基準／役員賞与会計基準／純資産会計基準／株主資本等変動計算書会計基準／事業分離等会計基準／ストック・オプション会計基準／棚卸資産会計基準／金融商品会計基準／関連当事者会計基準／四半期会計基準／リース会計基準／持分法会計基準／セグメント開示会計基準／資産除去債務会計基準／賃貸等不動産会計基準／企業結合会計基準／連結財務諸表会計基準／研究開発費等会計基準の一部改正／変更・誤謬の訂正会計基準／包括利益会計基準／退職給付会計基準／税効果会計基準の一部改正／収益認識基準／原価計算基準／監査基準／連続意見書　他

会 社 法 編＝会社法・施行令・施行規則／会社計算規則

金 商 法 編＝金融商品取引法・施行令／企業内容等開示府令／財務諸表等規則・ガイドライン／連結財務諸表規則・ガイドライン／四半期財務諸表等規則・ガイドライン／四半期連結財務諸表規則・ガイドライン　他

関連法規編＝税理士法／討議資料・財務会計の概念フレームワーク　他

■中央経済社■

■最新の監査諸基準・報告書・法令を収録■

監査法規集

中央経済社編

本法規集は，企業会計審議会より公表された監査基準をはじめとする諸基準，日本公認会計士協会より公表された各種監査基準委員会報告書・実務指針等，および関係法令等を体系的に整理して編集したものである。監査論の学習・研究用に，また公認会計士や企業等の監査実務に役立つ1冊。

《主要内容》

企業会計審議会編＝監査基準／不正リスク対応基準／中間監査基準／四半期レビュー基準／品質管理基準／保証業務の枠組みに関する意見書／内部統制基準・実施基準

会計士協会委員会報告編＝会則／倫理規則／監査事務所における品質管理　《監査基準委員会報告書》　監査報告書の体系・用語／総括的な目的／監査業務の品質管理／監査調書／監査における不正／監査における法令の検討／監査役等とのコミュニケーション／監査計画／重要な虚偽表示リスク／監査計画・実施の重要性／評価リスクに対する監査手続／虚偽表示の評価／監査証拠／特定項目の監査証拠／確認／分析的手続／監査サンプリング／見積りの監査／後発事象／継続企業／経営者確認書／専門家の利用／意見の形成と監査報告／除外事項付意見　他《監査・保証実務委員会報告》継続企業の開示／後発事象／会計方針の変更／内部統制監査／四半期レビュー実務指針／監査報告書の文例

関係法令編＝会社法・同施行規則・同計算規則／金商法・同施行令／監査証明府令・同ガイドライン／内部統制府令・同ガイドライン／公認会計士法・同施行令・同施行規則

法改正解釈指針編＝大会社等監査における単独監査の禁止／非監査証明業務／規制対象範囲／ローテーション／就職制限又は公認会計士・監査法人の業務制限

オススメの姉妹書

ビジネスセンスが身につく簿記

成川正晃（編著）

A5判・180頁

　本書は，簿記の初学者を対象にした入門書です。本書のねらいは，簿記の基本をしっかりと理解することです。基本原理をしっかりと押さえておけば，新しい経済事象に直面しても応用できるというのが本書のとるスタンスです。そのため、本書では，簿記一巡の理解・習得に重きを置きました。そして，基本的な学習の後に，その応用例として企業の正常な営業循環を意識して解説を行っています。

≪本書の特徴≫

❶ 全体を40項目の細かい区分に分けて，段階学習しやすいようにしています。
❷ 各項目は，原則4ページにしてコンパクトにまとめました。
❸ 各項目で学習目標を明示しています。
❹ 各項目は，基本的な原理・処理を中心に説明しています。特に簿記の基礎にかんする説明と演習に全体の65％を割り当てています。
❺ 各項目の学習時に全体の中での位置づけを意識できるように配慮しています。
❻ 第2章以降では，問題演習も取り入れています。

中央経済社